アドラー・アンソロジー

性格はいかに選択されるのか

アルフレッド・アドラー　岸見一郎 訳・注釈

Adler Anthology

How character develops

アルテ

はじめに

テレビを観ると、脳科学者と称する人たちが、人間の精神現象について、そのすべてを脳の働きに還元して説明しています。誰かを好きになることすら、人が自分で選んでいるわけではなく、脳が決めているのだというのです。

心理学者は、今生きづらいのは過去の出来事に原因がある、すべては本能に支配されている、だから、あなたには何の責任もないといいます。本当でしょうか。

自由意志で行為を選択したように見えても、その実、行為の原因が知り尽くされていないだけで、すべては必然の中に解消されると考える人もいます。もしも必然しか認めず、自由意志を認めなければ、たしかに行為の責任が問われることはありません。

しかし、私にはそのように考えるには、自由意志で行為を選択しているということは、あまりに自明でヴィヴィッドであるように見えます。人間の行為は、自分が制御できない身体や過去の経験などによってすべて説明し尽くされるわけではなく、人間の意志は必ずそれらの原因をすり抜けます。そして、他のこともできたのにある行為をしたからこそ、その行為の選択が何か問題を引き起こした時に責任を問えるのです。

　本書においては、自分で選んだわけではなく、遺伝されたと考えられることもある性格について考えてみます。自分や他の人がどんな性格であるかを知ることは、心理学に多くの人が期待することであるように思います。この性格について、アドラーがどういっているかを確認することを通じて、アドラーがどのように自由意志を救おうとしているかを見ることができるでしょう。

　アドラーの著作は、何度読んでも理解できないような難解なものではありませんが、それでもなお注釈があった方が、あるいは、具体的な例があった方がわかりやすい箇所はあります。アドラーの著作から引用した後、私が注釈をつけました。こちらは理解を助けるためのものですから、アドラー自身の言葉の方により重点を置いて読まれることを希望しますが、時に元のアドラーの言葉から逸れて長々と私が書いているのは、アドラーの言葉そのものではなく、アドラーが何を見ようとしているか、アドラーが目を向けている先を共に見ようとしているからです。

目次

性格はいかに選択されるのか

第一章　真の原因はどこに

「針」を探す

小さな子どもが突然泣き叫び、いつまでたっても泣きやまないという経験をした人はあると思います。そのような時、子どもが泣きやまない理由を子どもの性格（caractère）や好き嫌いに求めてみても、さらに、遺伝まで持ち出して、父親にそっくりだといっても、一向に埒はあきません。

実は子どもが泣き叫んだのは、衣服についた針だったことが判明したとします。この針が見つかるまでは「心理学的な試み」は続きます。アランはこういっています。この針こそがすべての「真の原因」である、と（アラン『幸福論』）。

針のために子どもが泣いていたのであれば、針を取り除きさえすれば、子どもはたちどころに泣きやんだでしょう。その場合、針による痛み（原因）と泣くこと（結果）との間の因果関係はストレートであり、原因を取り除きさえすれば、大抵の子どもはたちどころに泣きやむでしょう。

しかし、針を取り除けば解決するような問題ばかりではありません。神経症のことでカウンセリングにきた人は、いつからその症状が起きるようになったかたずねられると、何か発症のきっかけになった出来事を答えるかもしれません。それが今の神経症の原因であると考えるからです。しかし、それが神経症の原因であるとしても、それを針のように取り除くことはできません。つまり、その出来事を経験しなかったことにすることはできません。時間を過去に遡ることはできないからです。しかも、子どもに痛みを与える針とは違って、過去の経験と今の問題の間には、針による痛みと泣くこととの間に見られるようなストレートな因果関係があるとはいえません。同じことを経験しても、同じ状況にあっても、人が皆同じようになるわけではなく、自分の前に立ちはだかる壁を越えようとした人は必ずいるからです。

貧困を自分が犯した殺人の原因と見なした人、カッとする性格なので人を殺したという人がいました。貧しいからといって誰もが人を殺すはずもなく、カッとする人は多いでしょうが、カッとするたびに人を殺すはずもありません。このように、実際には因果関係がないのに、因果関係があるかのように見なすことを、アドラーは「見かけの因果律」と呼びました(『生きる意味を求めて』四頁)。

他方、今の問題を前にして、性質や遺伝を持ち出して現状を事後的に説明してみても、そうすることが目下起こっていることを変えることができないのであれば意味がありません。今起こっていることを何とかしなければならないのであって、今となってはもはや元には戻れない過去の出来事を持ち出したり、性格や遺伝を持ち出すことは、現状を変えられないことを前提にしているように見えます。

それにもかかわらず、過去の経験が「真の原因」である針であるかのように見たり、問題を事後的に説明することに終始するだけでは、心理学は無力なものでしかありません。必要なことは「本当の原因」を探すことです。しかし、探求の方向性を誤れば、そうすることは無効な「心理学的な試み」になります。

どれくらい飛び上がるかを見るために子どもにピンを刺したり、くすぐってどれほど笑うかを見るようなことは心理学とはいえない。（『人生の意味の心理学（上）』六二頁）

アドラーは、「トラウマやショックを与える体験」の影響の跡をたどるというようなこと、また、遺伝された能力を吟味し、それがいかに発達したかを観察するというようなことは、生理学や生物学の主題であって、心理学の主題ではないといっています。

それでは、アドラーにとって何が主題であり、何が泣く子どもにとっての「針」、即ち、「真の原因」に相当するのでしょうか。一体アドラーは何を探そうというのでしょうか。

子どもが泣きやまないことの原因としては、針を探り当てるだけで事足りました。しかし、人の言動についてその真の原因を知るためには、発想の転換が必要です。

プラトンは、ソクラテスが死刑判決を受けた後、脱獄することなく獄に留まったことの「真の原因」について、次のように説明しています（プラトン『パイドン』）。獄に留まってすわっていることを身体の条件に即して説明することはできますが、もしもソクラテスが刑に服することを「善」であると考えていなかったら、とっくの昔に外国に逃れていたことであろう、とソクラテスに語らせています。ここでいわれる「善」に道徳的な意味はなく、「ためになる」という意味です。獄に留まって刑に服することが、自分にとって「ためになる」即ち、善であるとソクラテスが判断したことが

「真の原因」である、と考えたのです。

一般的にいえば、自分のためにならないことをする人はいないでしょう。問題は自分のためになると思ってしたことが、実はそうではなかったということがわかることがあるということです。

アリストテレスは、彫刻を例に原因について次の四つの原因を区別しています。(アリストテレス『自然学』)。青銅、粘土などの「質料因」(何からできているか)、「形相因」(何であるか、何を作ろうとしているかというイメージ)、「起動因」(動がそこから始まる始原)、「目的因」(何のために)です。素材があり、彫刻家(起動因)が何を彫ろうかというイメージ(形相因)を持っても、それを彫る目的がなければ彫刻は存在しません。

アランは泣きやまない子どもの話に続いて、アレクサンドロス大王に献上された名馬ブケファロスの話を引いています。最初、どんな調教師もこの暴れ馬を乗りこなすことができませんでした。ありきたりの人であれば、ブケファロスをたちの悪い馬とでもいったでしょうが、アレクサンドロスは「針」を探し、それを見つけました。ブケファロスが自分の影に怯えていること、怯えて跳ねるものだから影の方も跳ね、いよいよ怯えるようになったことに気づいたのです。

そこで、アレクサンドロスは、ブケファロスの鼻を太陽の方に向け、その方角に向けたままにしました。そうすることで安心させ、疲れさせることができました。ブケファロスは、自分がなぜ暴れているかがわかっていませんでした。必要なことは、ただこの馬の性質を分析したり(たちの悪い馬というふうに)、過去にあったことを調べることではなく、自分では見えていない自分の置かれた位置、どこに向いているかを明らかにすることでした。そうすることだけが、問題解決のための変化を引き起こすことを可能にしたのです。

ブケファロスは自分の影（そうだとはわかっていなかったでしょうが）を怖れ、それから逃れるために暴れていたのでした。暴れることでは影から逃れることはできません。アリストテレスの弟子でもあるアレクサンドロスは、なぜブケファロスが暴れているか、その原因として暴れることの目的因を見て取ったので、ブケファロスの鼻を太陽の方に向けることができたのでした。

「心理学的な試み」を有効なものにするためには、行動の「目的」を見て取る必要があります。これこそアドラーが行動や症状について「なぜ」という問いへの答えとして期待していたことです。

「なぜ」を問う

子どもになぜそんなに怠惰であるかをたずねても、われわれが知らなければならない本質的な連関を子どもが知っていると期待することはできない。また、子どもがなぜ嘘をつくのかを説明できるとは思えない。（『子どもの教育』二四頁）

アドラーが「なぜ」を問う時、アリストテレスのいう目的因以外の原因をまったく扱わなかったわけではありませんが、主たる原因として目的を考えました。「なぜ」という言葉には注意が必要である、といっています。

後にきょうだい関係について見ますが、妹の誕生が必ず兄が問題児になることの原因であるとは限りません。

年下の子どもが生まれる。そのことが「原因」となって第一子が必ず悪化するとはいえない。石が地上に落ちるときには、一定の方向に一定のスピードで落ちる。しかし、心理的な「下降」においては、厳密な意味での因果律は問題にならない。(『子どもの教育』二六頁)

アドラーは、自由意志を認めるのです。石は下の方向以外には落ちませんが、人間は行動を選択する際、ただ一つの行動しか選べないわけではありません。「他の仕方でもありうる」というのが人間の行動の特徴です。

人の行動はすべて目標によって確定される。人が生き、行為し、自分の立場を見出す方法は、必ず目標の設定と結びついている。一定の目標が念頭になければ、何も考えることも、着手することもできない。(『性格の心理学』七頁、九頁)

人の行動はすべて目標によって確定されるというのが、アドラーの基本的な考え方です。何かの欲求や感情が後ろから人を押すと見ることは、行動について非常に不安定なイメージといわなければなりません。

アドラーは、人が向かっていく目標を設定します。アドラーは次のように説明します。

一本の線を引く時、目標を目にしていなければ、最後まで線を引くことはできない。欲求があるだけでは、どんな線も引くことはできない。即ち、目標を設定する前は何をすることもできないのであり、先をあらかじめ見通して初めて、道を進んでいくことができるのである。(『教育困難な

子どもたち』二八頁)

この目標は、優越性、力、他者の征服などである。この目標は世界観に作用し、人の生き方、ライフスタイルに影響を与え、表現運動を導く。それゆえ、性格特徴は、人の運動線が外に現れた形にすぎない。(『性格の心理学』七頁)

その目標として、ここでは、優越性、力、他者の征服があげられています。たしかに、これらのことを目標に行動する人は多いのですが、すべての人が必ずそういうものを目標にするというわけではありません。アドラーは、これらを究極の目標とは考えません。それらを斥けるか、もしくは、ある限定を付け加えます。

人間の精神の発達において誤りが現れるということ、そしてこの誤りとその結果が相接して現れたり、失敗や誤った方向づけにおいて現れるということは驚くにはあたらない。精神には目標を定める働きがあるからである。この目標設定は判断と結びついている。それは大抵の場合、正しくない判断と結びつく。(『子どもの教育』二六頁)

間違うにせよ、ここに自由であることの根拠があるわけです。

第二章　性格概論

対人関係の中の性格

性格特徴は、人の運動線が外に現れた形にすぎない。（『性格の心理学』七頁）

ここでは「運動線」と「ライフスタイル」はほぼ同義で使われています。運動線というのは設定された目標に向けてどのように動いていくかという意味ですが、人がどのような目標を立てているか、その目標に向かってどのような動きをしているかは人によって違います。この個人の人生を貫く、目標に向けての特有の運動線、あるいは運動法則をアドラーは「ライフスタイル」と呼んでいます。

そこで、ライフスタイルが外に表れた形が「性格」ということになります（七頁）。問題への対処に当たっては、世界や自分についての意味づけも関係してきます。

性格は、そういうものとして、人がまわりの世界、仲間、総じて、共同体と人生の課題をどのように認識しているかを伝える。（『性格の心理学』七頁）

人は誰も一人で生きているわけではありませんから、他者との関係、対人関係から離れることはできません。この避けることはできない対人関係が、取り組むべき課題、「人生の課題」として人の前に現れ、それに対してどんなふうに取り組むか、あるいはそこからどれほどの距離を取っているかをアドラーは「性格」という言葉で理解しています。

「性格」は社会的概念である。われわれは性格について、人のまわりの世界との連関を考慮に入れる時にだけ語ることができる。（『性格の心理学』七頁）

性格についてはこれから見ていきますが、人の行動が他者との関係の中において決められるということを見ることで、ここでいわれる「社会的」ということがどういう意味か見てみましょう。

子どもは生まれてきた時は無力ですから、親の援助がなければ片時も生きていくことはできません。お腹が減ったので空腹を満たしたいというような欲求を満足させようと思えば、泣くしかありません。

やがて、子どもは言葉を発することができるようになりますが、時に言葉の発達が遅れているように見えることがあります。

子どもたちは自分の欲求が満たされていない時、注目を得たいと考え、何らかの言葉を用いて注目を得ようとする。（『個人心理学講義』三〇頁）

子どもたちはやがてお腹が減ったということを泣く代わりに言葉で伝えることができるようにな

ります。大きくなってからも泣いて空腹を訴える人はさすがにいないでしょうが、何かを人に要求する時に、言葉を使わず、泣いたり、怒るなど感情的になる人はいます。次のようなことも起こります。

注目を得る必要がなければ、まったく話そうとはしないであろう。最初の数ヶ月に、子どもが話す前に子どもが欲するものをすべて与えるという場合に、このようなことが起こる。(『個人心理学講義』三〇頁)

子どもが言葉を発する前に「この子は言葉が遅くてね」と、親がいわば子どもの通訳をすれば、子どもは話そうとはしなくなります。

子どもは一人にされた時、例えば、夜、一人で寝る時に不安になって泣くことがあります。夫に先立たれ、子どもを甘やかした母親にある医師がたずねました。

「(夜は)喜んで寝てくれますか」「はい」「夜中に泣きますか」「いいえ」「おねしょをしますか」「いいえ」

医師は、自分が間違ったか、少年が間違っているのかどちらかだと考えた。そこで、少年は、母親と一緒に寝ているに違いないという結論を出した。どのようにしてこのような結論に達したのだろうか。夜中に泣く目的は、母親の注目を引くためである。同様に、おねしょをするのも、母親の注目を引くのが目的である。医師の結論は、確かめることができた。少年は、母親と一緒に寝てい

たのである。（『個人心理学講義』八三頁）

一見、理解しがたい行動に見えても、行動の目的がわかれば必ず理解できます。

注意深く見るならば、心理学者が注意を払うあらゆることは、どんな小さなことでも、一貫したライフスタイルを形作るものであることがわかる。それゆえ、〔行動の〕目的がわかれば、即ち、この子どもの場合は、いつも母親と結びついているという目的がわかれば、多くのことを結論づけることができるのである。（『個人心理学講義』八三頁）

これらのことと同様に、一人で生きているのであれば、性格も問題にはなりません。誰かの前で、誰かとの関係の中で、性格を決めているというふうに考えます。

子どもは最初生まれた時は弱く、そのためまわりの人は、その子どもの世話をしなければならない。子どものライフスタイル、あるいはライフパターンは、その子どもの世話をし、その劣等性を補償する人と関連づけなければ、理解することはできない。子どもは、母親と家族と組み合わされた関係を持っているが、この関係は、もしもわれわれの分析を子どもの空間的、身体的存在に限ってしまうと、理解することはできない。子どもの個性は、その身体的個性を越え、社会的関係の全体の文脈と関係するのである。（『個人心理学講義』二八頁）

子どもの行動も性格も、子どもを取り巻く対人関係の中で見ていかなければなりません。

アドラーは、ダニエル・デフォーの小説の主人公であるロビンソン・クルーソーを例にあげます

(『性格の心理学』七頁)。彼は船が難破し、無人島で暮らすことを余儀なくされました。フライデーに出会うまでのロビンソン・クルーソーにとっては、自分がどんな性格を持っているかは問題にならないのです。

われわれが性格特徴ということで理解しているのは、人生の課題に取り組もうとする人における、心の一定の表現形式の表れである。（『性格の心理学』七頁）

性格は、「人がどんなふうにこの世界に向き合うかという方法」（七頁）です。

先に引いた「性格は、そういうものとして、人がまわりの世界、仲間、総じて、共同体と人生の課題をどのように認識しているかを伝える」という言葉の中で「仲間」という言葉を使っていることには注意が必要です。これは「敵」と対比して使われる言葉です。

すべての人がまわりの人を「仲間」と見ているわけではありません。むしろ、まわりの人は「敵」であると見ている人が多いのです。人と人（Menschen）が仲間として結びついている（mit）と感じられ、仲間に貢献していくことが、「共同体感覚」（Mitmenschlichkeit）があるということの意味です。

アドラーは上の引用の少し前のところで、性格は「人がどんなふうにまわりの世界に向き合うかという方法」であるといった後、「認められたいという欲求が、共同体感覚と結びついて貫徹されるガイドライン」（七頁）である、といっています。ここでいわれる「認められたいという欲求」が先に見た行動の「目標」です。この目標は共同体感覚を伴う必要があるということですが、そもそも認められたいという欲求が誰もが持つ目標なのかどうかは、これから考えていく必要があります。

また、ここで心の「一定の」表現形式の表れといっているのは、次のような意味があります。対人関係の中で、こうすればうまくいく、あるいはうまくいかなかったという経験を重ねていくと、次第に対人関係の問題を解決するパターンを身につけていきます。問題解決の仕方は、時々によって違うというよりは、大体において一定しており、状況や人が変わっても同じことをするようになります。パターンを身につける方が、その時々で解決の仕方を新たに探るよりは便利ですが、他方、融通が利かないことになり、新しい状況に適応できないことにもなります。

以上から明らかなように、性格は対人関係の中で身につけられるものですから、このパターンとしての性格が生まれつき備わったものであるとアドラーは考えません。

子どもは自分で自分の性格を決めるとアドラーは考えます。このように見ることの意味は後に見ます。

親の影響

親の育て方は子どもに影響を与えないわけにはいきません。自分のことをどう見るかだけではなく、他者、あるいは子どもがその中に生きるこの世界をどう見るかということも、親が子どもに影響を与えます。

絶えず親が〔子どもの〕無事を心配することは、世界は敵対的であるという考えを容易に起こさせる。そこで、子どもは、いつも自分の前にある困難に対しては、訓練も準備もなしに不安を感じて成長する。人生の快適な面だけを味わってきたからである。(『人間知の心理学』一五七頁)

先に見た言葉を使うならば、子どもは親を自分を守ってくれる「仲間」であると見るかもしれませんが、親の保護の外にある世界は危険で、他の人を「敵」と見なします。

性格は、決して、多くの人が考えているように、生得的で、自然によって与えられたものではなく、人に影のようにつきまとい、どんな状況においても、あまり考えなくても統一された人格を表現することを許すガイドラインに比べることができるものである。それは、いかなる生得的な力や傾向にも対応せず、たとえ非常に早い時期であっても、一定の生き方を保つことができるために、獲得されるのである。(『性格の心理学』八頁)

性格は、生得的なものではなく、対人関係の問題を解決するために身につけたものですから、必要があれば、それまでとは違う対応をすることも可能であるはずですが、自分が長年にわたって身につけてきたなじみのパターンを別のものに置き換えると、それまで無意識でこなしてきたことまでも意識して行うことが必要になり、たちまち混乱することになるので、自分のなじみのやり方が不便なものであることを知っていても、従前と同じやり方に固執することになってしまうのです。

われわれは、このような〔性格という〕現象を人格と分かつことができず、生得で変えることができないと信じるが、仔細に観察すれば、それらは人の運動線にとって必要であり、それゆえ、獲得されたものであることが明らかになる。(『性格の心理学』九頁)

性格は、生得的なものではないことに加えて、人格とは区別されることが指摘されています。人格という一定したものがあって、その人格が行動のあり方を決めているというよりは、基本的には、どんな行動をすることも可能であるのに、似たような状況ではその都度相手は変わりますが、同じような行動をするようになり、その一定するパターンを「性格」と呼ぶわけです。

性格を生得的なものであると見なすことには理由があります。

精神的な現象のすべてに関して、とりわけ、性格特徴の発生に関して、われわれは遺伝を重視する考えを完全に斥けなければならない。この領域で遺伝学説を支持できる根拠は何一つない。(『性格の心理学』九〜一〇頁)

多くの人は、親の性格に似ているというようなことをいい、そのことを遺伝に帰することがよくあります。遺伝を認めなければ、例えば、親子が似ているというようなことをどう説明すればいいのでしょうか。

家族の全体、国民、あるいは、人種に共通した性格特徴があるとすることの根拠は、ただ、人は他の人を真似るのであり、他の人から学び取り、借りた特徴を自分の内に発達させたということである。われわれの文化には、成長する人にとって、模倣しようと思う重要な事実、精神的特徴、

身体的な表現形式があるのである。(『性格の心理学』九頁)

模倣であるというわけです。子どもは親の話し方、身のこなし方などを長年にわたってつぶさに観察するので、知らない間に似てしまうことになります。親の話し方が虫酸が出るくらい嫌だという子どもの話し方が、実は親と同じであるということはよくあります。

人の性格は、既に、その乳児期に認めることができる、と強調し、それゆえ、多くの人が性格は生まれつきのものであると主張する多くの研究者のいうことにも一理はある。しかし、人の性格は両親から遺伝するという見解は非常に害がある、と主張できる。なぜなら、そのような見解は、教育者が自信を持って課題に取り組むことを妨げるからである。この仮定を強化するのは、性格は生まれつきのものであるという見解が、その仮定を採用する人の責任を軽減し、それを逃れさせるために用いられるという事情にある。(『人間知の心理学』二九頁)

ここまで見てきたように、性格の形成に影響を与えた要因は多々ありますが、性格を決めたのは自分自身であるというアドラーの基本的な考えとは違って、もしも性格が生得的なものであり、変えられないとすれば、子どもを教育することには、また治療することには何の意味もないといわなければなりません。

性格の選択は生涯にただ一度きりなされるわけではありません。必要であれば、いつでも選択し直すことができます。変わろうという決心をすれば、必ず変えることができます。その際、親や教師との関係がどんな性格を選び取るかに影響を与えます。しかし、決めるのはあくまでも本人ですが、親や教師の影響によって性格を変えうるからこそ子育てや教育に意味があるわけです。それこそが育児や教育ということなのです。

ある日、電車の前にすわっていた女性が、自分の子どものことを念頭に置いてなのか、自信たっぷりにこんなふうに両隣にすわっている人に説いていました。

「育て方というけれど、たしかに性格には生まれつきという面が否定できない」

この人は自分がいっていることの意味がわかってないのだろう、と思いました。

親のみならず、教師も性格を生まれつきのものであると考える時には、この子どもや生徒の問題行動は自分ではどうすることもできない、自分には関係ないと見たいのです。それが責任を軽減し、責任を逃れるということの意味です。

共存する性格

アドラーは、人は単一の性格しか持っていないとは見ていません。例えば、後に見る虚栄心について、次のようにいっています。

虚栄心から自由な人は誰もいないので、おそらく誰もがいくらかはこの傾向を持っている。
(『性格の心理学』四三頁)

(野心、虚栄心、妬みなどの) すべての性格特徴が一人の人間に同時に存在すると主張しても、

過言ではない。（『性格の心理学』八一頁）

時には相容れない性格が一人の人間に存在するように見えることがありますが、その人の立てる目標に照らせば、一時的にはそのようなことは可能であっても、常時、そうすることは難しいでしょう。

性格を変えること

常は控え目な人が、人前で他者の思わくを怖れずに明るく、能天気にふるまうことは不可能なことではありませんが、いつまでもそのようであり続けることはできません。

新しい学校に転校した子どもが、前の自分を知っている人はいないと考え、それまでとはまったく違う自分を演じるということがあります。ところが、誰から求められたわけでもないのに、いつの間にか元に戻ってしまいます。

性格は自分が選び取ったものであり、それは対人関係の中で決まるものであることを見てきましたが、自分の決心で変わることは可能であるのに、たとえ不便であったり、不自由な思いをしても、慣れ親しんだ性格のままでいようと思う人は変わることはありません。未知の自分は怖く、慣れ親しんだ行動を取る方が容易だからです。

このように、人は不断に変わらないでおこうという決心をしているので、その変わらないでおこうという決心をやめなければ変わることはできません。

次に、どう変わればいいかというモデルがなければ、ただ変わらなければ、と思っても変わることはできません。この点については、少しずつアドラーの言葉を読んでいきましょう。

その前に、ライフスタイル、あるいはそれが外部に表現された性格を選び取る決心について、アドラーがいっている言葉を読んでみましょう。


ライフスタイルは、しばしば早くも二歳で、五歳までには確実に認められる。（『生きる意味を求めて』六頁）

その頃はまだ言葉の発達は十分ではなく、言葉を習得する前にライフスタイルを選び取ったのであれば、大人になってからライフスタイル選択の責任を問われるのはおかしいと考える人はあるでしょう。

一つの解決法は、実際にはもっと遅くにライフスタイルを選択したと考えることです。今日では、十歳前後、小学校三年生か、四年生頃にライフスタイルを選んだと考える人もあります。実際、それ以前のことは覚えていても、時系列に思い出すことは難しいでしょうが、それ以後のことはわりあいはっきりと覚えています。見た目は変わることはあっても、大人の自分もその頃の自分もそれほど変わってはいないように思います。

しかし、このように何歳頃までにライフスタイルを選んだといういい方をすれば、ある時ただ一度ライフスタイルを選択したという印象を与えることになりますが、実際には、何度も選択しているはずですし、少なくとも、そうすることは可能であったのです。違いは、大人になってからの選択は意識的なものですが、幼い頃の選択は無意識であるということです。選んだということすら、そう指摘されるまでは知らなかったというのが、無意識という意味です。

他方、アドラーが、ライフスタイルは二歳には認められるといっているように、子育てに関わった人であれば、それよりももっと早い時期にでも（普通のいい方をすれば）個性の違いを認めることは困難ではありません。

そこで、アドラーは次のような調停案を出しています。即ち、自分のライフスタイルを「今」知ってしまったら、その後どうするかは自分で決められる、あるいは、決めるしかない、と。カウンセリングにきた人のライフスタイルを診断することがありますが、その場合、大人といえども、それ以前は、自分のライフスタイルをはっきりと知っている人はいません。自分のライフスタイルが他の人のとは違うということは知っていても、どこがどう違うのかを明確に言葉で説明することはできません。

しかし、カウンセリングで自分が対人関係の問題をどんなふうに解く傾向があるかが明らかになれば、それから後どうするかは、つまり、従前のままでいるのか、新しいライフスタイルを選び取るかは、自分で決めるしかありません。

重要なことは、何歳であれ、ライフスタイルを選択するとその後、何が起こるかということです。

子ども時代の最初の日から、この「人生の意味」を手探りで求めるということが見られる。赤ん坊でさえ、自分自身を見定め、自分のまわりの人生に与ろうと努める。子どもは、五歳の終わりまでに、統一され結晶化された行動のパターン、問題や課題へのアプローチのスタイルを採用してきた。

子どもは、既に世界と自分自身から何を期待できるかについて、もっとも深く、永続する概念を固定化している。それ以降は、世界は確立された統覚を通じて見られる。経験は、それが受け入れられる前に解釈され、その解釈は、常に子どもが人生に与えてきたもともとの意味と一致している。（『人生の意味の心理学（上）』一九頁）

赤ん坊が、自分自身を見定め、自分のまわりの人生に与ろうと努めるというのは、例えば、大きな声で泣くことでまわりの大人に注目を得ようとすることであったり、後に見ますが、生まれてすぐ母乳を飲むこともまわりの人生に与るということの例になります。

「統一された結晶化された行動のパターン、問題や課題へのアプローチのスタイル」がライフスタイルです。いわば色眼鏡を通してのようにこの世界を見ているわけです。

このライフスタイルを確立してからは、それを通じてしか世界を見ることはできなくなってしまいます。「経験は、それが受け入れられる前に解釈され、その解釈は、常に子どもが人生に与えてきたもともとの意味と一致している」というのは、経験は、それ自体として誰にも同じものとして受け入れられるのではなく、解釈されるということです。

その解釈が人生に与えてきた意味と一致するというのは、この人生を怖いものと見ていれば、経験はその意味づけに一致します。例えば、後に見ますが、悲観的な見方をしている人は、経験をもそのように解釈することになります。何を経験しても、悲観的な見方を支持するものと解釈するのです。

たとえこの意味に重大な誤りがあったとしても、またわれわれの問題や課題に対するわれわれの誤ったアプローチが、絶え間ない不運と不幸を結果として生じることになったとしても、われわれはそれを放棄するということはない。人生の意味についてのわれわれの認識の誤りは、誤った解釈がなされた状況を再考し、誤りを認め、統覚を見直すことで修正されるだけである。（『人生の意味の心理学（上）』一九頁）

多くの場合、ライフスタイルは自分では正確に把握されているわけではありません。不運や不幸がライフスタイルによるということも知られてはいません。

共同体感覚

われわれは人を判断する時、共同体感覚という理念を基準とし、その人の態度全体、思考、行為をそれに照らしてはかるという以外の仕方ではできない。この観点がわれわれに与えられているのは、どの個人の立場も、人間社会の内部では、人生と連関しているという深い感情を必要とするからであり、それゆえ、われわれは、多かれ少なかれ、ぼんやりと、時にはまた非常に明瞭に、他人に何を負っているかを感じ知っているからである。われわれが共同体の中にあり、共生の論理に従わなければならないという事実から、人を判断するためには確実な基準を持たなければならないということになり、そのためには、共同体感覚の大きさ以外の基準を認めることができないのである。われわれがこの共同体感覚に精神的に依存していることを否定することはできない。自分のどんな共同体感覚も本気で否認できる人は誰もいない。

なぜなら仲間に対する義務を免れることはできないからである。共同体感覚は、絶えず、このことを警告として思い出させる。このことは、われわれが常に共同体感覚を意識して行動しているということではないが、この感覚を抑え、脇に置くためには、ある程度のエネルギーの消費が必要であり、さらに、共同体感覚は、普遍妥当的なものなので、何らかの仕方でこの感覚によって正当化されることなしには、誰も行為を企てることはできないということである。それゆえ、人間の生においては、人が考え、行うことすべてに対して、理由を――少なくとも酌量する理由を持ち出す傾向は、この〔無意識の〕共同体感覚に由来する。そして、われわれが常に共同体と結びついていたいと思うこと、結びついていると信じたい、あるいは、少なくとも、結びついているように見せたいということから、独自の生き方、思考、行為の技術が生じる。（『性格の心理学』一四～五頁）

先に、共同体感覚は、人と人（Menschen）が仲間として結びついている（mit）と感じられ、仲間に貢献していくことであると暫定的にその意味を確認しましたが、アドラーは、この共同体感覚を人を判断する時の基準にし、人の態度全体、思考、行為をはかるしかできないといっています。

なぜなら、人は共同体の中にあって、他者に負っているということを、程度の差はあれ、感じ知っているからであり、そのようにして他者と共生しているということを否認することはできないからです。

「仲間に対する義務を免れることはできない」と、アドラーはいっています。先にも見たように、他者を仲間とは見ない人もあるでしょうが、たとえ敵と見なしていても、他者との関係はあるわけで、しかも義務だとアドラーはいいます。他者との結びつきは、人が恣意的に選ぶことができるものではないということです。「共同体感覚は、普遍妥当的なものなので、何らかの仕方でこの感覚によって正当化されることなしには、誰も行為を企てることはできない」というわけです。

「人間の生においては、人が考え、行うことすべてに対して、理由を――少なくとも酌量する理由を持ち出す傾向は、この〔無意識の〕共同体感覚に由来する」というのは、こういうことです。人は他者がどう思うかということとは無関係に何をしてもよさそうなものですが、例えば、学校に行かなかったり、会社を休むという時でも、そのことを他者にも自分にも納得できる理由が必要であるということです。理由もなく休めないと思うので、お腹や頭が痛いというような理由を持ち出すことが必要になってくるわけです。

「われわれが常に共同体と結びついていたいと思うこと、結びついていると信じたい、あるいは、少なくとも、結びついているように見せたいということから、独自の生き方、思考、行為の技術が生じる」

共同体に所属していると感じられることは、人のもっとも基本的な欲求です。その所属の仕方は人によって違いますが、アドラーが求めるのは、与えること、貢献することによって所属することです。

ところが、そのような形では共同体への所属感を持てないと思う人は、例えば、学校を例にいえば、問題児としてクラスの中で自分の居場所を探すのです。

共同体感覚の発達はかなり早くから見られますから、早い時期から子どもが共同体感覚を持てるように親は援助することができます。

子どもは母親に依存するが、よい仕方でのこともあれば悪い仕方であることもある。一人にされそうになるとアア、ハアという。母親にたえず関わることを強いる。（*Adler Speaks*, p.14）

このように子どもが母親に依存し、母親を支配しようとすることにエディプス・コンプレックスを見ることができます。しかし、アドラーはこれが普遍的な事実であるとは考えません。甘やかされた子どもにのみ見られることだからです。

子どもはいつから人生に貢献し始めるべきかと問われたアドラーはいった。「生まれてすぐ半時間以内に」（Bottome, Phillis. *Alfred Adler: A Portrait from Life*, p.157）

子どもは生まれるとすぐに母乳を飲む時に母親との協力関係に入ります。また沐浴する時も、子どもは親に協力します。

母乳を飲むことは〔フロイトが考えるような〕サディスティックな行為ではなく、母親と子どもの間の協力の行為である。（*Adler Speaks*, p.14）

共同体感覚の誤用

ところで、この人を判断する時の基準となる共同体感覚ですが、それが欠如している場合はわかりやすいのですが、微妙なケースがあります。誤った共同体感覚の例をアドラーがあげています。

ある老婦人が、市街電車に乗る時に、つるりと足を滑らせ、雪の中に落ちた。彼女は立ち上がることができなかった。多くの人が忙しそうに通り過ぎたが、誰も助けようとはしなかった。ついに、ある人が、彼女のところへ行き、助け上げた。この瞬間、別の、どこかに隠れていた人が飛び出してきて、彼女を助けた人に次のようにいって挨拶した。「とうとう、立派な人が現れました。五分間、私はそこに立ち、この婦人を誰かが助けるかどうか待っていたのです。あなたが最初の人です」。ここではっきりと、一種の傲慢や見せかけによって、いかに共同体感覚が誤用されるか、そして誰かが、他の人の裁判官を買って出て、賞賛と罰を分け与えるが、自分では指一本触れたりはしないということをはっきりと見ることができる。(『性格の心理学』一六~七頁)

これが誤った共同体感覚の例であることは、はっきりしているでしょう。援助を必要とする人がある時、自分がその人のために動くということだけが問題なのであって、他の人が動くかどうかは問題ではありません。まして、他の人がどれほど共同体感覚を持っているかを確かめようとすることで、援助する時機を逸することはありえます。しかし、自分を安全圏に置き、つまりは、自分では何もしようとはしないで、他者を批評したり、裁く人は多いのです。

また、非常に複雑なので、共同体感覚の大きさを決めることが難しいケースがある。そのような場合、共同体感覚の根本に戻るしかない。そうすれば、不明瞭なままで留まることはないだろう。例えば、戦争でもう既に半分負けたと思っているのに、軍隊の最高司令官が、なおも何千という兵士を死へと駆り立てるという場合について判断しなければならない時である。司令官は、当然、国益のために行ったという立場を主張するだろうし、そのことに同意する人も多いだろう。しかし、彼がたとえどんな理由をあげるとしても、われわれは、今日、彼を正しい仲間と見なすことはほとんどないだろう。（『性格の心理学』一七頁）

このようなケースにおいては、司令官を英雄として絶賛する人はあるように思います。しかし、そのような評価をする人は、自分を安全圏に置いてそうしているのです。この愚かな司令官の決定によって殺された人のことは何も考えていませんし、自分が兵士として死へと駆り立てられる状況に置かれるとしたらどうかというふうに考えることもありません。

司令官自身も戦死するかもしれませんが、名誉の戦死の背後には多くの戦場へと駆り出された人の死があることには思い至ることはありません。

戦場においては、自分一人だけが助かることはありえませんが、自分が助からないとわかった時に兵士まで巻き添えにするような人を仲間と見なすことはできません。問題は、このような人を英雄視する人があるということです。

われわれがこのようなケースにおいて正しい判断ができるために必要なのは、普遍妥当的な観点である。われわれにとっては、これは公共の利益、全体の幸福の観点である。この観点に立てば、決定が困難であるケースはほとんどないだろう。（『性格の心理学』一七頁）

ここでいわれる「公共」や「全体」の意味が問題です。「全体」の幸福といいながら、実のところ、公益ではなく私益のことしか考えない人は多いのです。しかし、自分の得になるとは誰もいわないでしょう。そこで、他国と戦争をする時には正義が持ち出されます。その場合の正義は見かけの正義、大義名分としての正義でしかありません。何か名目の正義を持ち出してこなければ、戦争によって一部の人だけが利益を得るというのでは誰も闘おうとはしないでしょう。

東北の震災の際、この地震は千載一遇のチャンスだ、と公言した大臣がいました。被災地の復興のために工事をすれば、そのことによって利益を得る人がいるということでしょう。経済が活性化するといえば、まだしも聞こえはいいかもしれませんが、人の不幸を食い物にする許しがたい発言であると私には思えます。

他国が攻め入った時、手を拱いて何もしないというわけにはいかないだろう、と自衛の名の下に軍備を持ち、さらには増強していくことが必要であると説く人はいます。しかし、一見、説得力があるように見えても、かつて人類の歴史において、自衛のためでない戦争はなかったことを忘れてはなりません。戦死したのは、自分たちの国を守らなければならないと信じて戦地に赴いた若者であり、後方で、つまりは安全圏で兵士たちを将棋の駒であるかのように見なして作戦を立てていた軍人がいるのです。

原発の問題でも、電力不足を再稼働することが必要な理由として政府も電力会社もあげていました。しかし、ほとんどの原発が稼働していない状態でも停電することがないことが明らかになり、原発がなくてもやっていけることが明らかになってくると、今度は経済成長を再稼働が必要であることの理由としてあげ始めました。

理由は何でもいいのです。個人のケースでも、何かをする、あるいはしないと決めれば、理由は何でもいいのです。理由はいつも事後的に創り出されます。

しかし、これが現状であっても、普遍的な観点、全体の幸福の観点で考えることが無意味であるわけではありません。偽の、あるいは名目の正義を持ち出し、あたかもそれが公共の利益になるかのような人がいるのであれば、なおさら、持ち出される理由がはたして本当に全体の幸福に貢献するのかを厳しく吟味する必要があるでしょう。アドラーは共同体感覚という考えを提唱しましたが、これを誤解、あるいは誤用する人はアドラーの時代からも既に後を絶たないわけです。共同体感覚ですら、このように都合よく利用されることはありえます。

一般に思想というものは、全体として何をいっているかを理解しようとはせず、自分の都合のいいように曲解する人は多いのです。誤解に基づくのならまだしも、為政者があえて意図的に内容を改変し、自分に都合のいいように利用します。

アドラーがいう共同体はその範囲がきわめて広いということに注意しなければなりません。それは決して既成の共同体ではありません。アドラーは次のようにいっています。

共同体は家族だけではなく、一族、国家、全人類にまで拡大する。さらには、この限界を超え、動物、植物や無生物まで、ついには、宇宙にまで広がる。（『人間知の心理学』五〇頁）

ある行為がここでいわれる共同体のどれか一つにでも害をもたらすのであれば、その行為は正しいということはできません。ある共同体にとって益であっても、それが他の共同体にとって害をもたらすのであれば、そのような行為も認めるわけにはいきません。自分の所属する共同体だけが益を受けるということは実際にはありえないことです。あるいは、同じ共同体についても、今さえよければ後はどうなっていいとはいえません。

高木仁三郎は「通時的な共生」がエコロジーにかける意味である、といっています（高木仁三郎『宮沢賢治をめぐる冒険』）。共生は、今の世代同士が共に生きるということにとどまらず、これから生まれてくる世代と共に生きるということでもあります。死者と共に生きることも含んでいなければなりません。一つの死は新しい生に繋がらなければなりません。その意味で、一秒で三十万人の致死量にあたる放射性廃棄物を産み出す原発が後の世代との共生を可能にしないことは明らかです。

人類が自然のことを継母のように考えているという事実から、共同体へと至る道とは別の道は考えられない。各人は全体の部分として、共同体に対して応分の責任を果たさなければならない。（『個人心理学講義』二七頁）

「人類が自然のことを継母のように考えている」というのは、自然が人類に継母のように接するということです。見方を変えるならば、人類は、自然に継母のように扱われているということです。そのため、人類は自然を前にして強い劣等感を持つようになりました。そのような弱い人間は、一人では生きることができないので、集団で、つまりは、共同体を作っていくことになるのです。

人間はそのような意味での「全体の一部」であり、全体の部分としての人間は共同体に応分の責任を果たさなければなりません。このことを全体主義という言葉で表していいでしょうが、この言葉にはよくない連想が働きます。

悪しき全体主義は、一党一派が全体を支配することから起こり、先にも見たように、国益ではなく私益しか考えていないにもかかわらず、全体のことを考えているかのように国民を欺くことがあるからです。

アドラーがいう全体は決して既存の共同体ではなく、その範囲は少し前に見たように非常に広汎で、現実のいかなる共同体とも違います。いずれかの共同体の中に居場所があると感じたいということ、所属感は誰もが求める基本的な欲求です。これは全体の一部になりたいということですが、共同体から与えられるだけではなく、それぞれの人が自分にふさわしい仕方で共同体に与えることをアドラーは共同体感覚というのです。

共同体感覚に根ざした性格

話を元に戻すならば、共同体感覚を持っているかどうかということだけが重要です。

「われわれは人を判断する時、共同体感覚という理念を基準とし、その人の態度全体、思考、行為をそれに照らしてはかるという以外の仕方ではできない」

人はどんな性格でも選ぶことはできますが、どんな性格でもいいというわけではありません。もちろん、このことは誰もが同じになるという意味ではなく、どんな性格であっても、共同体感覚を「基準」とし、それに照らして、どのように生きていくかを決めたいということです。アドラーは次のようにいっています。

ある人のライフスタイルを知ろうとする時、正常なライフスタイルを基準として用いるということは、われわれには明らかなことである。社会に適応した人を基準、規範として用い、その基準からどれくらい離れているかを比べるのである。(『個人心理学講義』五六頁)

このような共同体感覚をたとえ今は持っていないとしても、それを持てるように人を教育することは可能です。共同体感覚は、これからどう生きればいいかという指針であるといえます。

自分で選ぶ性格

過去に経験したこれやあれの出来事、生育環境が人を決定するわけではありません。それらのことが今の自分を決めると考えれば、不幸なままでいることになります。自分の運命は変えられないと見る必要はありません。

もしもそのことに成功すれば、人類の文化は前に向かって決定的な一歩を踏み出したことになり、自分が自分の運命の主人であるということを意識する世代が育つ可能性がある。(『性格の心理学』一八頁)

何かがうまくいっていない時、そのことの原因を自分以外のものに求めることができれば、たしかに楽になるでしょう。「あなたのせいではない」といわれたくてカウンセリングを受ける人もあるくらいです。しかし、アドラーはそのようなことは決していいません。

これからどうするかだけが重要なので、今の問題がどこにあるかがわかれば、そして、これまでとは違った生き方を選ぶ勇気を持ちさえすれば、人は決して運命に翻弄される無力な存在ではなく、「運命の主人」になることができます。

あらゆる種類の困難は、性格の直線的な発達にとって、常に危険を意味する。困難がある時に、子どもが力の目標に達するために取る道は、多かれ少なかれ、真っ直ぐな方向からは逸れる。最初の場合は、子どもの態度は揺るぎのないものであり、常に直線を進み、困難に対して直接向き合うが、第二の場合には、まったく別の子どもが見られる。即ち、火が燃えているということ、敵がいるということ、したがって注意しなければならないということを既に学んでしまった子どもである。そのような子どもは、認められることや力の目標を、回り道して狡猾な仕方で手に入れようとする。子どもがさらに発達するかは、この回避の程度、即ち、あまりに注意深くなるか、あるいは、人生の必然となお調和しているか、あるいは、既にそれを回避してしまっているかに依存する。もはや真っ直ぐには自分の課題に近づかず、臆病になったり、引っ込み思案になったりする。あるいは、目を見ず、もはや本当のことを話さないだろう。子どもたちのタイプは異なるが、しかし目標は同じである。二人が同じことをしていなくても、それでも目標は同じでありうるのである。（『性格の心理学』一九～二〇頁）

今の性格は過去に何らかの体験したことによって形成されたものではありませんが、生きていく中で、いかなる困難にもぶつからない人はなく、そのような困難に対してどのような態度決定をするかが、性格の形成に大きな影響を与えることになります。

その困難は、多くの場合、対人関係から生じるものです。これをアドラーは、次に見るように、「人生の課題」と呼びますが、それを前にして、どれほどの距離で立っているかを問題にします。

人生の課題とそれへの距離

〔最初の人生の課題は〕対人関係の課題であり、私の汝への関係の解決、自分と他者との結びつきをほぼ正しい仕方で確立したか、あるいは妨げたかが重要である。第二の人生の課題は仕事の課題であり、三番目は性の課題、愛と結婚の課題である。これら三つの課題の失敗の大きさ、それらの課題の解決から離れている距離から、その人の個性、人格を推論できる。それと共に、これらの現象からわれわれの人間知のために何かを獲得することができる。(『性格の心理学』九六~七頁)

第一の人生の課題は対人関係(交友)の課題、第二が仕事の課題、第三が性の課題、及び、愛と結婚の課題です。この第三の課題に家族との関係、とりわけ親との関係を含めることがあります。

人はこれらの課題を前にして、多かれ少なかれ距離を置きます。初めから課題に近づこうとはせず、その際、課題に近づかないことを正当化する理由を探し出すか、あるいは、課題に取り組んだ後、課題を達成できなかったことをそのことを正当化する理由を持ち出して説明するのです。

前者の場合は、人は敏感で、アドラーの表現を使えば、「前に突き出された触覚」を使って、これから自分が入っていくことになる状況を探るのです。その際、成功することが明らかであれば前へ進みますが、失敗することが少しでも予想される時には、最初から課題に取り組もうとはしません。

愛の課題を例に取れば、仕事が忙しいので出会いがないという人がいます。しかし、恋愛は相手さえいれば成立するというようなものではありません。仕事上の対人関係であれば、たとえ仕事を共にしている人がいやな人であっても、仕事の場を離れたら基本的にはその人との関係のことで思い煩う必要がありませんが、交友関係や愛の関係においては、対人関係の距離は近いので、相手がいさえすればうまくいくわけではありません。しかるべき対人関係の技術を持っている必要があります。

恋愛はうまくいけばそのことが励みになって仕事にも打ち込めるでしょうが、長くつきあい関係が深くなれば、その分ぶつかるということも当然起こりますし、精神的なエネルギーも使わなければなりません。そのため、恋愛など時間の無駄だという人もあります。そのような人は、先に見たように仕事が多忙であることを理由にあげたりするわけです。

他方、恋愛をし、結婚にまで至るケースにおいてうまくいかなかったとしたら、やはりそのことの理由を探し出します。あまりに若く結婚しすぎたということを理由にする人がいます。また、親から反対されたことを理由にする人もいます。子どもの頃、親から虐待を受けたこと、災害や事件に遭遇したことをあげる人もありますが、いずれも今相手との関係がうまくいかないことの本当の理由ではありません。先に出した言葉を使えば、見かけの因果律でしかありません。

われわれは、それによって自分の前にある課題を迂回したいと思い、自分で困難を創り出し、それにまったく近づかないか、近づくとしてもためらってそうする人の理解に近づく。そのような人が課題のまわりに作る回り道には、怠惰、無精、仕事を頻繁に変えること、不良化などの人生の特別なこととして目立つことがある。また、これらの態度決定を態度にまで表し、時に非常に曲がりくねった仕方で行かなければならず、あらゆる機会に蛇のように向きを変える人もいる。これはたしかに偶然ではない。そして、そのような人は、いくらか慎重にではあるが、自分が解決しなければならない重要な課題を避けて通る傾向を持っている人である、と判断できる。(『性格の心理学』九八〜九頁)

後者は、課題にはたしかに取り組みます。しかし「回り道」をしようとします。ここでは「怠惰」や「無精」が回り道(をする理由)としてあげられています。

今の時代はメールの送受信は一瞬でできますが、かつては手紙が届くまでに数日かかり、その返事を受け取るまでにはさらに何日もかかりました。すぐにメールが届くことは嬉しいことではありますが、一方が筆まめ、他方がそれほど書かない人であれば、この不一致は二人の関係に影を落とすことになります。最初は嬉しくてメールを頻繁にやり取りしていても、やがてメールのやりとりは間遠になってしまいます。メールをあまり書かないことを相手から責められると、怠惰であることが理由として持ち出されることがあります。「もしも怠惰でなければもっとたくさんメールを出せるのに」と。あるいは、多忙を理由にあげるかもしれません。

しかし、残念ながらこれらは本当の理由ではありません。本当の理由は、ただ書きたくないということです。どんなに忙しい人でも一通のメールも出せないほど忙しいはずはありません。数行どころか一行でもいいのですから、書くことが苦手な人であっても、返事を書くのに長く時間がかかるはずはありません。それにもかかわらず、自分の中で何かをする時に優先順位があって、メールを書くということが優先順位の下位に追いやられるのです。ですから、「書けない」のではなく、「書きたくない」わけです。

メールを書くというようなことであれば、実害は少ないかもしれませんが、仕事そのものも怠惰であることをそれに取り組まない理由にする人がいます。その際、怠惰という言葉を持ち出さないかもしれませんが、勤勉であると見られることを潔しとしない人はいます。どんな仕事でも締切を守れなかったら、社会的生命を抹殺されますが、いつも締切を過ぎてから書き始めるという作家の話を真に受ける人がいます。そういう話を好む人は多いように思います。

やる気が出ないという人もいます。残念ながら、やる気は待っていれば出るものではありません。やる気は待てば起きると見る人が、やる気が出ないことを課題に取り組まないことを正当化する理由にしているだけのことです。

準備することなく課題に近づけば、人は情状酌量する事情を持ち、自尊感情、個人的な虚栄心は無傷のままにある。状況はずっと安全なものであり、自分の下には網が張られていることを知っている綱渡りのように行動する。落ちても、柔らかく着地するのである。

そして準備しないで課題に向かえば、たとえ、それを乗り越えることができなくても、自尊感情は危機に陥いることはない。なぜなら、様々な理由から、あまり多くのことはできない、といえるからである。既に遅すぎる、あるいは、始めるのが遅すぎた、さもなければ、輝く成功を収めたであろう、などといえるのである。そこで、自分の個性の欠点ではなく、小さな付随的な事情に責めは帰せられ、それには当該者はまったく責任を引き受けないのである。

しかしそれにもかかわらず、仕事が成功すれば、その価値はずっと大きなものになる。なぜなら、人が勤勉に課題に専念する時は、たとえ成功しても、誰もそのことを何か特別のことだとは思わないからである。それはそもそも当然のことなのである。しかし始めるのが遅いとか、少ししか働かないとか、あるいは、まったく準備できていないのに、それにもかかわらず仕事の課題を解決すれば、そしてそれはありうることなのだが、彼〔女〕は〔準備して課題に取り組んだ時とは〕まったく違ったものになる。彼〔女〕はいわば二重の意味で英雄である。両手が必要なことを片手でなしとげたからである。(『性格の心理学』九七〜九頁)

学校の勉強でいえば、いい成績を取りたいのであれば、十分勉強をして試験に臨むしかありませんが、勉強したということをことさらに他の人に誇示する必要はありません。それなのに先にも見たように、勤勉であると見られることを潔しとはせず、他の人にあまり勉強していないように見せる必要がある人がいるのです。

勤勉でないことの理由は明白です。一生懸命勉強してみても、いい成績を取れず、試験に合格しないことは残念ながらあります。その結果は甘んじて受け入れるしかなく、次回の再起を期してまた挑戦するしかありません。

ところが、「自尊感情」にこだわる人は傷つくことを怖れるので、そもそも試験を受けないか、受けても準備なしに試験に臨みます。そうすることで、準備ができていないことを、成績のよくない時の理由にできるわけです。もっと頑張って勉強していればいい成績を取れたのに、といえます。そのようなことをいうことは、「自分の下には網が張られていることを知っている綱渡り」のようであり、落ちても柔らかく着地できますから、大怪我をすることはありません。

別の箇所でもアドラーは、綱渡りの比喩を使って「怠惰」について説明しています。

怠惰であることには隠された無意識の駆け引きがあることがわかる。怠惰な子どもたちは綱渡りをする人に似ている。ロープの下には網が張ってあるので、落ちたとしても衝撃は柔らかである。怠惰な子どもたちに向けられる批判は、他の子どもたちに対するほど厳しいものではなく、屈辱を感じることも少ない。能力がないといわれるよりも、怠惰であるといわれる方がましである。要は、怠惰は子どもの自信のなさを隠すスクリーンとして役立っており、直面する課題と取り組もうとすることを妨げるのである。（『子どもの教育』五五頁）

勤勉であることを公言する人はよくは思われず、むしろ、あまり勉強していないように見えることが好ましいとされることがあるとすれば、以上のようなわけがあるわけです。

困ったことに、勤勉ではない人が成功することがあります。しかし、アドラーはこういいます。

ほとんど努力することなしに手に入れた成功は滅びやすい。（『子どもの教育』四二頁）

たとえ成功しても、その成功を持続するために必要な努力をしなければ、成功は長続きしません。そもそも格別の努力をしないで成功することを望んだり、先に見たように失敗しても仕方なかったというような姿勢で課題に臨む人は真剣さが足らないといわなければなりません。必要以上のカロリー摂取をしないよう心がけたり、運動する努力をしないでダイエットはできません。聞くだけで英語ができるようになるという人はいますが、英語圏で生まれ育ったのでなければ、ただ聞くだけでは話せるようにはならないでしょう。そんなことは明らかだと思いますが、努力しなくても何かを達成できると思いたい人は多いでしょう。

いずれの場合も、「両手が必要なことを片手でする」ことでしかありません。両手が使えるのであれば、両手を使うべきではないでしょうか。

怠惰であることには、次のようなメリットもあるのです。

ある学校の少年、彼はクラスで一番怠惰だったが、教師にたずねられた。「おまえは学校の出来がどうしてそんなに悪いのだね」。少年は答えた。「もしも僕が学校で一番怠け者なら、先生は僕のために時間を割いてくれるだろう。でも、先生は、クラスの邪魔をしない、どんな仕事もきちんとする成績のいい生徒には注意しない」（『人生の意味の心理学（上）』七九頁）

先生からの注目を得る方法を見出したわけです。もしもこのようであれば、この少年が怠惰であることをやめようとするはずはありません。

第三章　性格のタイプ分け

タイプ分けの問題

以下、様々な切り口で性格をタイプに分けて考えますが、この性格をタイプに分けることには注意が必要です。自分の性格がどんなタイプなのかと問うことは、心理学に関心がある人が最初に興味を持つことといってもいいでしょう。血液型占いや星座占いは、いつの時代も人気があります。自分のことを知りたい人も、誰かとの相性を知りたいという人もあるでしょう。しかし、アドラーはタイプに個人を当てはめることに警鐘を鳴らしています。なぜなら、人は一人一人違うのであって、同じ人は二人としていないからです。

しかも、この違いは、人がその中に置かれる対人関係、さらにそれにどう対処するかという違いによるのです。他者との関係を離れて性格があるわけではありません。

後に、アドラーが創始した「個人心理学」という言葉の意味について見ますが、個人の統一性（unity）と並んで、個人の独自性（uniqueness）に強い関心があったので、この名称を選びました。人は自分が置かれている状況で、人生の課題を前にして他の誰とも違う決断をします。アドラーが関心を持ったのは、いわば生身の血の通った、目の前にいる「この人」であって、人間一般ではありませんでした。

そのアドラーも、本書でもっぱら引いている『性格の心理学』においては、性格をタイプに分けています。しかし、それは「個人の類似性について、よりよく理解するための知的な手段」（『個人心理学講義』五七頁）でしかありません。タイプ分けや理論は現実を説明するためのものであって、現実との齟齬をきたせば、理論の方を見直すべきであって、現実を例外として片付けるのは間違っています。

アドラーが、子どもを教育する時、心理学を「融通の利かない機械的な仕方」（『子どもの教育』一七頁）で適用する、つまり、一般的な規則を適用するようなことがあってはならないといっているのも同じ線で理解することができます。

タイプを認めれば、これだけでは十分ではないだろう。われわれが必要なのは、これ以上のことであって、どのようにしてこのようになったのか、そうでなければならなかったのかどうか、どうすれば回避、あるいは変えることができるかについて明確な像を作るということである。それゆえ、このような恣意的で、皮相な視点からなされた分類は、たとえこのような種類の分類がわれわれの目につくとしても、合理的な人間知には役に立たないのである。（『性格の心理学』一八頁）

重要なのは性格の分類ではないわけです。必要があれば、性格を変えなければならないのであり、そのためにどうすればいいかを知ることが性格を分析することの目的です。

個人心理学では、子どもの頃から見て取ることができる表現運動について、それが共同体感覚が優位なのか、あるいは、力の追求がより強く現れるかを見てきました（『性格の心理学』二八頁）。このことを確認したことで手にした「鍵」を用いて、慎重な観察をすることで、どんな人もかなりはっきりと理解し分類できる、と考えます。

精神科に勤務していた頃、心理検査をしていました。検査の結果から検査を受けた人がどんな人なのかをまとめるのが私の仕事でした。検査の結果から計算すればタイプ分けはできるのですが、本人に一度も会ったこともないのに、検査を受けた人について、その人がどんな人かを知ることなど本来不可能でしょう。

後に父の介護をしていた頃、父は何度か認知症の検査を受けました。この検査の場合、検査をする医師と父の関係が結果を左右するのではないかと思いました。父のことを知らない医師が発する日常生活とはおよそかけ離れた質問に答えることで、はたして認知症であるかどうかを知ることができるのだろうか、と検査に立ち会った際、思ったものです。

心理検査ではありませんが、父は入院していた頃、再三再四採血をされ、その検査結果から目下どんな状態にあるかが判断されました。データはたしかに父の状態を知るために必要なものでしょうが、それだけで何もかもわかるわけではないでしょう。父の担当医が、芳しくないデータを踏まえた上で、父を実際に目で見て触れ、「今日は状態はよい」と私に語るのを好ましく思いました。

楽観主義者

人間を別の仕方でも、即ち、いかに困難に立ち向かうかによって分類することもできる。楽観主義者は、性格の発達が全体として真っ直ぐな方向を取る人のことである。彼〔女〕らは、あらゆる困難に勇敢に立ち向かい、深刻に受け止めない。自信を持ち、人生に対する有利な立場を容易に見出してきた。過度に要求することもない。自己評価が高く、自分が取るに足らないとは感じていないからである。そこで、彼〔女〕らは、人生の困難に、自分を弱く、不完全であると見なすきっかけを見出すような他の人よりも容易に耐えることができ、困難な状況にあっても、誤りは再び償うことができると確信して、冷静でいられる。(『性格の心理学』二一〜二二頁)

楽観主義者はたとえ失敗しても、そのことでただちに勇気をくじかれるということはありません。深刻にならないというのも重要なことです。課題に取り組むためには真剣である必要がありますが、深刻である必要はありません。課題を解決する安直な方法はありませんが、真剣に取り組めばできないことは思われているほど多くはありません。

それでもうまくいかないこと、失敗することはありますが、その場合も深刻である必要はありません。失敗すればもう一度最初からやり直せばいいのであって、失敗を悔やんでいつまでも悩んでいてもどうにもなりません。

パソコンで原稿を数万行書いていたのに、データを保存することを怠っていたために操作を誤り一瞬にしてふいにしてしまった人がいました。三十秒の間、失った原稿を思って呆然としていましたが、次の瞬間、また最初から書き始めました。結局のところ、悩んでいても、原稿は元には戻らないわけです。失ったものを諦める勇気を持たなければ、再び前に進むことはできません。

内村鑑三は、カーライル（イギリスの思想家、歴史家）を引き合いに出し、カーライルが『フランス革命史』などの本を残したという業績ではなく、何十年もかけて書いた『フランス革命史』が不運にも暖炉に火をつける時の反故とされて消滅した時にもなお勇敢に書き直したという事実が、人の心を打つのであり、同じような不運に遭遇した人を勇気づけるのである、本よりも、そのような彼の生き方の方が後世への遺物なのである、といっています（内村鑑三『後世への最大遺物』）。

カーライルは何十年かかって書いた本を失った時十日もの間ぼんやりしていました。しかし、われに帰って自分に次のように語って自分を勇気づけ、再び筆を執りました。

「トーマス・カーライルよ、汝は愚人である、汝の書いた『革命史』はソンナに貴いものではない、第一に貴いのは汝がこの艱難に忍んでそうして再び筆を執ってそれを書き直すことである、それが汝の本当にエライところである、実にそのことについて失望するような人間が書いた『革命史』を社会に出しても役に立たぬ、それゆえにモウ一度書き直せ」

楽観主義者は、このような困難で危機的な状況を前にしても、「誤りは償うことができる」と確信できるのです。

他方、「自分を弱く、不完全であると見なすきっかけを見出すような」人は、このような時に冷静でいることはできません。そのような人は、何十年もかけて書き上げた本を消失しても、おそらく何もしないでしょう。そのような出来事を「自分を弱く、不完全であると見なすきっかけ」にしようとしているのですから、再び書き始めることができれば、自分は弱くはないことが明らかになってしまうからです。自分が不完全で弱いことが明らかになれば、今後重要な課題に立ち向かうことを免除されると考えているわけです。

勇気があり、忍耐強く、自信を持ち、失敗は決して勇気をくじくものではなく、新しい課題として取り組むべきものであると考えるように教育する方がずっと重要である。（『子どもの教育』四二頁）

失敗しない人はいません。失敗した時も、それを自分が「弱く、不完全である」ことを証する出来事と見なしたい人は、悲嘆に暮れたり、そのようにして反省しているように見せることはあっても、失敗の責任を取ろうとはしないでしょう。

誰でも何でもなしとげることができる。（『個人心理学講義』一一四頁）

このように主張したアドラーは、アメリカではずいぶんと攻撃されました。

大抵のことはなしとげることができるはずなのですが、失敗を怖れて課題に取り組もうとしないことがあります。しかし、失敗することなしには何も学ぶことはできないといっていいくらいです。楽観主義者は、失敗をすることを怖れないわけです。

既に見たように、課題を達成するためには、当然努力が必要ですが、決してできないということはそれほどあるわけではありません。

アドラーは、ローマの詩人、ウェルギリウスの言葉を引いて「できると思うがゆえにできる」といっています（『子どもの教育』六六頁）。これは精神主義の類ではありません。できないという思い込みが、生涯にわたる固定観念になってしまうことに警鐘を鳴らしているのです。何とかしてこのできないという思い込みを解除することが、親や教育者の仕事ということになります。

子どもが何かについて、自分はできない、自分に限界があると思うことが、教育の大きな問題です。遺伝については既に見ましたが、子どもは、きちんと取り組めばできるはずのことについてまで、遺伝や才能を引き合いに出して「できない」といいます。そのようにして、課題を回避しようとするのは問題でしょう。遺伝や才能を持ち出すのは、課題に取り組まないための理由、あるいは、課題に取り組んでもうまくいかなかった時に弁明するための理由にしたいからです。

実際には、子どもも大人も自分に関心のあることであったり、自分に利益をもたらすことであれば、直面する課題に取り組む際、それについて知り理解するための最善の努力をするのです。

ギャンブルに夢中な人はお金が懸かっていますから、細かいデータまで綿密に分析します。競馬であれば、レースに出る馬のことについて、名前はもとより一頭一頭がどんな馬であるかを諳んじることができるほどです。

医療過誤があって家族が医師を訴えることがあります。その場合、家族は専門的なことでも猛勉強し、医学的な知識を身につけます。手術の前は、医師に「お任せします」といって格別の勉強をしようとはしなかった人が医学の知識を身につけ裁判に臨む姿を見て、担当の弁護士はなぜ同じだけの努力を手術前にしなかったかと悔やむといいます。

年がいった人は、若い頃のようには覚えられなくなったといいますが、学生の頃のような努力をしているとは思えません。ローマ教皇や一九一一年生まれの日野原医師がiPadを使ってFacebookにアクセスするのを見て驚いた人は多いでしょうが、それほど難しいことではありません。若い人でもスマートフォンを使いこなせない人はいくらでもいるのです。

勉強を十分しなくても、単位を落とすとか、進級できないというような切羽詰まった状況にいるのでなければ、人は真剣に勉強しないものです。自分に限界があると考えたい人は、悲観主義者になります。少しやってみてうまくいかなければすぐに諦めてしまうのです。もしも学ぶ喜びを知っているとすれば、強いられなくても努力できるはずですが、学生時代、ただ試験のために勉強をしてきた人は、よほどの必要がなければ勉強しようとはしません。

「五千時間仮説」というのがあります。それによれば、どんなことでも五千時間程度の練習でプロ級の腕前になると予測できるというのです。一体、五千時間とはどれくらいの時間でしょう。一日に五時間とすると三年で五千時間に達します。それだけの時間をかければ、どんなことでもプロ級の腕前になります。

例えば、外国語の学習について考えれば、これはなかなか厳しい条件です。毎日五時間も一つの外国語のために時間を割けるかといえば、かなり難しいといわなければならないからです。しかし、毎日二時間半なら六年です。これならどうでしょう。中学校に入って英語を学び始め、それから高校を卒業するまでの時間が六年です。こんなふうに考えると、この考えは決して無理な仮説ではないように思います。

しかし、どんなことでも一定の時間をかけさえすればマスターできるというのが本当だとしても、それだけの努力をしようと思えるだけの動機がなければ勉強に取り組もうとはしないでしょう。

これに対しては既に見たことから答えははっきりとしています。即ち、勉強はただ自分のためにだけするものではなく、他者に貢献するためのものでなければならないということです。例えば、勉強することで有名大学に入り、今や死語かもしれませんが、立身出世をするということしか考えていない人は、もしも自分が思っていた通りにならないとわかった途端に勉強をすることを諦めてしまうかもしれません。

悲観主義者

別のタイプである悲観主義者は、もっとも困難な教育問題を引き起こす。このタイプの人は、子ども時代の体験と印象から劣等感を持ち、あまりの困難のゆえに、人生は容易ではないと感じるようになったのである。正しくない扱いによってひとたび養われた悲観的な世界観の勢力範囲の中で、彼〔女〕らのまなざしは、常に人生の影の面に向けられ、楽観主義者よりも、人生の困難を意識し、容易に勇気を失う。(『性格の心理学』一二二頁)

重要なことは、何か困難にあったから悲観主義者になるのではないということです。たとえ同じことを経験しても、それに勇敢に立ち向かう人はいるからです。むしろ、課題に直面しないために悲観主義になるというのが正しいのです。たしかに最初は何かきっかけがあって、劣等感を持つようになるということがあるかもしれませんが、その後、常に「人生の影の面」に目を向け、生きることはつらいことだと嘆息するかどうかは人によるのです。

悲観主義者は困難に直面した時にこのように何もしません。他方、楽天主義者（楽観主義とは区別します）は、何とかなると思って、何もしません。先に見た楽観主義者は、「あらゆる困難に勇敢に立ち向か」うのであり、その際、困難に直面しても「深刻に受け止めない」ことを信条とします。「自信を持ち、人生に対する有利な立場を容易に見出し」「過度に要求すること」もしません。過度に要求しないというのは、結局のところ、課題に立ち向かっても、自分の力の及ばないことはあるということを認めるということです。それでもできることはするというところが、楽天主義者、そして悲観主義者とは違うところです。

悲観主義、楽観主義について、アドラーが他の箇所でいっていることを補っておきます。


性生活が不完全な人、仕事で努力しない人、あるいは、友人がほとんどいなくて仲間と接触することを苦痛だと思うような人を仮定しよう。そのような人は、人生において自分自身によって課せられた限界と制限から、生きていることを好機がほとんどなく失敗ばかりの困難で危険なことと見ている、と結論づけてよい。そのような人の行動範囲が狭いことは、次のような考えを表現していると解釈できる。「人生は、危害に対してバリケードで自分を守り、無傷で逃れることによって自分自身を守ることである」（『人生の意味の心理学（上）』一三頁）

「性生活が不完全な人、仕事で努力しない人、あるいは、友人がほとんどいなくて仲間と接触することを苦痛だと思うような人」は、アドラーが言及する通常の順序とは異なりますが、順番に愛の課題、仕事の課題、交友の課題において問題を抱える人を指しています。そのような人が、「生きていることを好機がほとんどなく失敗ばかりで困難で危険なこと」と見るようになったのは、ここでも「人生において自分自身によって課せられた限界と制限」からだとされています。たしかに着手するどんなことも首尾よくできるかといえばそんなことはありませんが、失敗の経験を重ねることで、もはや課題を解決しようとはせず、実際に解決できないのは、実際に人生や自分自身に何か制限があるからではなく、人生の課題に直面しないために自分で制限を課しているからです。もちろん、課題から逃れれば、傷つくことはありません。人生を「危害」と見なす人がいるとすれば、そうする必要があるからです。「無傷で逃れることによって自分自身を守る」ためには、人生の課題を回避しなければならず、回避することを正当化するために人生を「危害」と見なさなければならないのです。それはその固有の人生についての意味づけでしかありません。

他方、次のような人を観察すると仮定しよう。その人は親密で協力に満ちた愛の関係を持っており、仕事は有益な成果へと結実し、友人は多く、人との結びつきは広く豊かである。このような人は、人生を多くの好機を提供し、取り消しのできない失敗をもたらすことがない創造的な課題と見ている、と結論づけてよい。その人の人生のすべての課題に直面する勇気は次のようにいっていると解釈できる。「人生は仲間に関心を持ち、全体の一部であり、人生の幸福に貢献することである」（『人生の意味の心理学（上）』一三頁）

このような人はたとえ何かの課題に躓くことがあっても、そのために自分は不運であるとは考えず、失敗ですら好機と見ることができます。失敗しても、その失敗は決して「取り消しのできない」ものではないと見なすことができるのです。

「人生は仲間に関心を持ち、全体の一部であり、人生の幸福に貢献することである」

これは、共同体感覚を簡潔にまとめて説明したものです。

攻撃型と防衛型

別の観点から人を攻撃型と防衛型に分けることができる。攻撃的態度は、とりわけ、大きな動きに示される。彼〔女〕らは、勇気があれば、この勇気を蛮勇にまで高め、自分にも他の人にも何かをなしとげることができるということを特別に強調して常に示そうとする。そのようにして、根底において彼〔女〕らを支配している深い安全ではないという感情を現す。不安な時には、怖れに対して抵抗しようとする。優しさや愛情の感情を抑圧しようとする人もある。それらの感情は、そのような人には、弱さのように見えるからである。彼〔女〕らは、常に、そして、しばしば目立つほど明らかに、強さを見せびらかしたいと思う。

このような攻撃型の人は、時に、粗暴さと残忍さという特徴も示す。彼〔女〕らが悲観主義に傾けば、まわりの人への関係はしばしばすべて変化する。他の人と共生することも共感もすることもなく、すべての人に敵対するからである。その際、彼〔女〕らの意識的な自己評価は、非常に高いものになり、誇り、傲慢、自惚れで膨れ上がることもありうる。本当の勝利者であるかのように、虚栄心を誇示することもある。しかし、これらすべてのことを行う際の露骨さと過剰は、共生を妨げるだけでなく、彼〔女〕らにとってすべてのことが、不安定で揺れ動く基礎の上に聳え立つ人工的に築かれたものであることも明らかにしている。そこで、彼〔女〕らは、攻撃的態度を取るが、しばらくの間しか持続しないことになる。

このような人がさらに発展していくことは容易ではない。人間社会は、このような人には好意的ではない。既に、目立っているということによって、嫌われるのである。優位を占めようと絶えず努力するので、他の人、とりわけ、同じタイプの人と衝突する。競争を呼び覚ますからである。彼〔女〕らの人生は絶え間ない闘いの連鎖となる。そして、ほとんど避けられないことだが、敗北すると、一連の勝利と成功はしばしば終わりを告げる。そうなると、容易に尻込みするようになり、耐久力をなくし、突然の悪化を克服することはもはやできない。その時には、失ったものを取り返すことは困難である。

課題に失敗したことは、彼〔女〕らに後まで残る影響を与え始める。そして、彼〔女〕らの発展は終わるが、その時、常に攻撃されていると感じる別のタイプが始まる。（『性格の心理学』二四〜五頁）

攻撃型の特色は、意識的な強調にあります。普通にしていてはいけないという思い込みが、勇気を蛮勇にし、何かをできるということを他者に見せつけなければならないと思わせます。直面する困難に立ち向かうためには勇気が必要ですが、人から勇気があると見られることを狙って、危険を顧みず、十分力がないのに川へ飛び込むというようなことは勇気ではなく、蛮勇でしかありません。

このような人の自己評価が非常に高いものになることも注目に値します。自己評価が高いことは必要なことではありますが、それが意識的であり、非常に高いというのは行きすぎです。本当に優れた人は自分が優れているということを誇示することはありません。

〔この〕二番目のタイプである防衛的な人は、弱さの感覚を克服する時に、攻撃の線を求めず、不安、慎重、臆病の線を求める。この立場は、たしかに、最初のタイプにおいて叙述した線が、たとえわずかな時間であっても、辿られなかったら成立しない。防衛タイプの人は、すぐに非常にひどい経験を背負い込み、そこから否定的な結論を引き出すので、容易に〔課題からの〕逃避の道へと入り込む。多くの人は、あたかも、ここに実りある有効な出発点があるかのようにふるまうことによって、この逃避の動きを自分自身に隠すことに成功するのである。

そこで、彼〔女〕らは、過去に遡って、回想に耽り、空想を発展させる。しかし、このことは、実際には、彼〔女〕らには脅威的に見える現実から逃れるという目的にだけ役立つ。おそらく、まだすべての自発性を失っているわけではない時には、自ら何か、公共のためには無用ではないことをこの道でなしとげることに成功する人もある。芸術家の心理に関心がある人は、芸術家に、しばしばこのタイプを見出すだろう。このタイプの人は、何らの妨げもない空想と観念の領域において第二の世界を打ち立てるために、現実から逃避する。しかし、このようなことは例外である。大抵の人は失敗する。すべての人とものを怖れ、途方もない不信感を抱き、他の人からは敵意しか期待しないのである。(『性格の心理学』二五〜六頁)

このタイプの人は、多くの場合、人生の課題から逃避しますが、アドラーがここで、芸術家にこのタイプを見出すことを指摘していることは注目していいでしょう。このような人は孤立して生きることはありますが、ただ孤立するのではなく、そうすることが創作活動に必要であり、しかもその制作はただ自己満足のためではなく、他の人に喜びをもたらすためです。

天才についてアドラーは次のようにいっています。

天才は、何よりも最高に有用な人である。芸術家であれば、文化にとって有用であり、あまたの人の余暇の時間に輝きと価値を与える。そして、この価値は、本物であり、単なる空虚な輝きを放つものではなく、高度の勇気と共同体感覚に依存している。（『人はなぜ神経症になるのか』一一四頁）

天才は人から離れて創作に励む必要がありますが、天才の業績は決して単なる自己満足ではなく、成功や名声を目指すというようなことは天才とはおよそ無関係なことです。

先に、「誰でも何でもなしとげることができる」というアドラーの言葉を見ましたが、この「格率」について次のような注意をしています。

このことは、いつも期待されているという重圧を担い、常に前へと押し出され、あまりに自分自身のことに関心を持っている天才児の気勢を削ぐ民主的な格率である。（『個人心理学講義』一一四頁）

アドラーがここでいう「天才児」は先に見た「最高に有用な人」である天才とは違います。彼（女）らは「期待されているという重圧」とは無縁です。

ここで「あまりに自分自身のことに関心を持っている」といわれていますが、この自分自身への関心は、英語でいえばself interestです。これと対比してアドラーはsocial interestという言葉を使います。これは「社会的関心」、あるいは「他者への関心」という意味であり、アメリカでアドラーの著作が出版された時に、共同体感覚（Gemeinschatsgefühl）の英語訳として採用された言葉です。

「期待されているという重圧」を担っている天才児は、自分自身のことに関心を持っているのであり、あまりに自意識が過剰だといわなければなりません。彼〔女〕らは、もしもその期待を満たすことができないと思えば、例えば、受験という人生の一つの課題に挑戦しようとはしないでしょう。

受験はたしかに競争です。アドラーがいう協力を知っている人は、必要があれば競争します。しかし、競争すること、あるいは、競争から挑戦する前に降りることしか知らない人は協力ということを知りません。

アドラーがいうように「誰でも何でもなしとげることができる」と考えることができれば、子どもがしかるべき努力をしないで自分には能力がないと決めつけて挑戦する前から人生の課題から降りることはなく、親や教育者も最初から教育に絶望することがないようにすることを可能にします。そうすることで「非常に聡明な子どもを持つことができる」（『個人心理学講義』一一四頁）のですが、その際、そのような子どもは「聡明」なのであって、ただ知識があるというようなことではないのです。

子どもの方も、自惚れたり、過度に野心を持つ必要はない。彼〔女〕らは、自分がなしとげたことは、訓練と幸運の結果であることを理解している。適切な訓練が続けられれば、他の人ができることは何でもなしとげることができる。(『個人心理学講義』一一四頁)

訓練だけではなく、幸運も何かをなしとげるためには必要である、とここではいわれていますが、その幸運も日頃の努力がなければ十分生かすことはできません。そもそも、今起こっていることが幸運なことなのかどうかという判断ができるためには、この先、道が拓けるのは外からの働きかけが起こることが必要であるだけであるというところまで準備ができていなければなりません。さもなければ、幸運はそれに気づかれることもなく消え去ってしまうことでしょう。

「他の人ができることは何でもなしとげることができる」と思えたら大抵のことに挑戦することができます。私たちの目前にある課題は決して人類初めての偉業ではありません。例えば、大学入試や資格を取るための国家試験に通るために「適切な訓練」が必要であることはいうまでもありませんが、多くの人が取り組んできたことであれば、自分だけができないということはありません。

他者に不信感を抱き、他者から敵意しか期待しない人については、先に見たこと以外に次のようにいわれています。

このような人にそなわる他の特徴も、ほとんど共感することはできない。自分自身を信じない人が他の人も信じない傾向があることはよく知られている。しかし、このような態度においては、嫉妬と貪欲という特徴を発達させることを避けることはできない。彼〔女〕らがしばしばその中で生きることになる孤立は、他の人に喜びをもたらしたり、他の人の喜びに与る気がないことを意味する。他の人の喜びは、彼〔女〕らには時に苦痛をもたらし、まさにそのことによって、傷つけられたと感じる。このような人は、この感情が人生において揺らぐことがないようにするという仕方で、他の人よりも優れていると感じることに非常にしばしば成功する。自分を優れていると見せたいという憧れの中に、非常に複雑なので、一見したところ、敵意があるとは認められない感情が目覚めてくることがある。(『性格の心理学』二六〜七頁)

ここであげられる嫉妬や貪欲については後に見ます。他者に不信感を抱くがゆえに「孤立」するのではなく、孤立するために他者に敵意、また不信感を持つというのが本当です。

誰もどんな場合も人を傷つけていいはずはありません。しかし、反対に他の人に喜びをもたらすことは誰もが進んでしていいことなのです。他の人の喜びは自分の喜びでもあります。ところが、他の人の喜びが苦痛をもたらし、そのために傷つけられたと感じる人はたしかにいます。

そのように感じないためには、他の人が喜ぶのを見なければいいわけですから、そのために孤立し、そのような態度を取ることによって優越感を持つことに成功するのです。他の人と交わらないので、敵意という感情も起きません。

残念ながら、われわれの文化においては、彼〔女〕らの立場はあまりにしばしば強められるだけで、人間の優れた資質や人生の明るい面へのまなざしを完全に失ってしまう。このような人にしばしば見られる性格特徴は、並外れて批判的になりうるということであり、どんな失敗にもたちどころに気づく鋭いまなざしを持つということである。彼〔女〕らは、自分自身はまわりの人に何か役立てるように貢献することなしに、裁判官を気取る。常に批判的で、悪しき遊び仲間、遊びの興をそぐ人である。彼〔女〕らの不信は、彼〔女〕らに傍観し、ためらう態度を取らせる。そして、課題を前にして、決断を避けたいかのように、疑い、ためらい始める。このタイプも象徴的に叙述するなら、次のような人のように見えるだろう。即ち、防御するために、手を前に伸ばすが、時折、危険を見ないでいいように、もう一方の手で目を覆うような人である。（『性格の心理学』二六頁）

自分では貢献することなく、傍観する人については、先に見た、市街電車に乗る時に足を滑らせ雪の中に落ちた老婦人を助けることなく、助ける人が出現するのを見張っていた人について「裁判官」という言葉で説明されていました。

彼〔女〕らが常に批判的で、悪しき遊び仲間、遊びの興をそぐ人であるというのは、意味が取りにくいですが、こういう意味です。「遊びに参加する」と訳した mitspielen には、「協力する」という意味もあります。共に協力作業をするのに適さない人、協力作業を台無しにする人という意味も重ねているのです。

ここでも正確には課題を前に決断を回避するために不安になるのです。彼〔女〕らは、課題を前に完全に立ち止まることはありません。しかし、あくまでも「手を前に伸ばす」だけで、しかももう一方の手で目を覆うのです。目を覆えば前に進むことはできません。その際、ここでは象徴的に叙述されていますが、危険を見ないでいいように目を覆う「手」こそが、不安という感情です。不安はちょうど手で目を覆うように（そうすれば何も見えなくなります）前に進めないように創り出される感情なのです。

われわれは、心の現象は、より高い程度の共同体感覚を保持し、それには力の追求と威信を求める策略はほとんど含まれてはいないか、あるいは、〔逆に〕それが徹底的に野心的な性質であり、それを持っている人にも、あるいは、まわりの人にも、自分がどれほど他の人よりも優れているかを明らかにすることにだけ役立っているかを確かめることができる尺度を獲得する。この土台の上で、一定の性格特徴をよりはっきりと見て、それを判断し、とりわけ、人格の統一性という観点で理解することに成功するのは困難なことではない。同時にまたそれによって人を理解し、人に働きかける手段を与えられることになる。(『性格の心理学』二八〜九頁)

個人心理学の「個人」の原語(Individualpsychologie, individual psychology)は、分割できないという意味です。人を身体と心、理性と感情、意識と無意識というふうに分割できない存在として捉えるのが、個人心理学の重要な特徴です。

人間相互間の違いは、共同体感覚と力の追求の大きさによって規定される。これらの要素が互いに影響されるのである。それは力の相互作用であり、それの外的現象が、われわれが性格と呼ぶものである。(『性格の心理学』三九頁)

次に、アドラーが攻撃的性格と防衛的性格と分類したタイプに属する性格について一つ一つ見ていきます。

第四章　攻撃的性格

虚栄心

アドラーはスコットランドのアバディーンで亡くなりました。アバディーン大学の関係者に四日間の連続講義をすることになっていたのです。アバディーンでの最初の夜、招聘元大学の教授であるレックス・ナイトと滞在先のホテルのロビーで挨拶を交わした後、ソファに腰を下ろした途端、一人の青年がやってきました。

「お二人の紳士が心理学者であることは知っています。でも、私がどんな人物かをいいあてることは、おそらくどちらにもできないと思いますよ」

ナイトは困惑しましたが、アドラーは目を上げるとじっと若者を見ました。

「いいえ、あなたについて話せることがあると思いますよ。あなたは非常に虚栄心が強いですね」

どうして虚栄心が強いと思うのか、と問われてアドラーはこう答えました。

「二人の知らない紳士がソファーにすわっているところにやってきて、私のことをどう思うかとたずねるとは虚栄心が強いということではないか」

アドラーはナイトにコメントしました。

私はいつも私の心理学を単純にしようとしてきました。おそらくこういえるでしょう。神経症はすべて虚栄心だ、と。あまりに単純すぎて理解してもらえないかもしれないが。(Manaster et al., *Alfred Adler: As We Remember Him*, p.54)

アドラーは、なぜこの青年を見て「あなたは非常に虚栄心が強い」といったのでしょう。アドラーが「神経症はすべて虚栄心だ」というのは一体どういう意味なのでしょう。

先に見たように、虚栄心のない人はおらず、誰もがいくらかはこの傾向を持っている、とアドラーはいいます。また、虚栄心は以下に見る他の性格にも見られる、とアドラーは指摘します。

人が皆、神経症者（the neurotic）であるわけではありませんが、神経質者（the nervous）であるとはいえます。神経質でない人はいません。症状がなくても、神経症的なライフスタイルを誰もが多少なりとも持っているということができます。

アドラーが、神経症はすべて虚栄心だという時、神経症的なライフスタイル、性格を問題にしています。そのようなライフスタイル、性格はどのようなものなのか、アドラーのテキストを読んでみましょう。

認められようとする努力が優勢となるや否や、精神生活の中で緊張が高まる。この緊張は、人が力と優越性の目標をよりはっきりと見据え、その目標に、活動を強めて、近づくことを試みるように作用する。そのような人生は、大きな勝利を期待するようになる。このような人は現実との接点を見失うに違いない。なぜなら、人生との連関を失うからであり、常に、〔人に〕どんな印象を与えるか、他の人が自分についてどう考えるかという問いにかかずらうことになるからである。

（『性格の心理学』四〇頁）

「〔人に〕どんな印象を与えるか、他の人が自分についてどう考えるかという問いにかかずらう」というのは、まさに先の青年のことでしょう。アドラーはこの青年にこう答えたのです。

「二人の知らない紳士がソファーにすわっているところにやってきて、私のことをどう思うかとたずねるとは虚栄心が強いということではないか」

人に認められようとし、他の人が自分をどう見るかということばかりを気にかけていれば、「行動の自由は、そのことによって、著しく妨げられることになる」。自分が何をしたいということよりも、人に認められることの方が重要なので、何かをする、あるいはしないかを自分では決めることができず、他の人にどう思われるか、他の人に認めてもらえるかということが気にかかります。その意味で、自分がどんな行動を取るかということの決定権を自分ではなく他の人が持つことになります。

このような人にもっともよく見られる性格特性が「虚栄心」です。人にどう思われるかを気にかける人は「現実との接点を見失う」。これの原語は unsachlich です。事実や現実（Sache）に即していないという意味です。

虚栄心においては、あの上に向かう線が見て取れる。この線は、人は自分が不完全であると感じていて、等身大以上の大きな目標を設定し、他の人以上であろうとすることを示している。（『性格の心理学』四六頁）

「あの上に向かう線」とは、優越性の追求です。アドラーは、人は優越性という目標を追求して行動する、と考えています。無力な状態から脱したいと願うという意味で、人が優れていようとすることは、誰にでも見られる普遍的な欲求です（『個人心理学講義』四五頁）。

「自分が不完全である」と感じることが「劣等感」です。優越性の追求は、この劣等感を補償することに由来するのではないことに注意しなければなりません。劣等感の補償が原因となって優越性の追求が生じると考えることは、原因論的なので、劣等感とは別に優越性の追求をより根源的なものとして考えるようになりました。

すべての人を動機づけ、われわれがわれわれの文化になすあらゆる貢献の源泉は、優越性の追求である。人間の生活の全体は、この活動の太い線に沿って、即ち、下から上へ、マイナスからプラスへ、敗北から勝利へと進行する。（『人生の意味の心理学（上）』八七頁）

このように、優越性の追求そのものが否定されているのではありません。それと対になる劣等感も、誰もが持っているものです。

すべての人は劣等感を持っている。しかし、劣等感は病気ではない。むしろ、健康で正常な努力

と成長への刺激である。（『個人心理学講義』四五頁）

しかし、「等身大以上の大きな目標を設定し、他の人以上であろうとする」ようになると、劣等感は過度に強いものになり、優越性は過度に追求され、誰もが持つ劣等感や優越性の追求ではなく、劣等感は「劣等コンプレックス」、優越性の追求は「優越コンプレックス」になります。

劣等コンプレックスがさらに高じると神経症になり、優越コンプレックスは、個人的な優越性の追求、あるいは神経症的な優越性の追求といわれます。このような意味での優越性の追求をアドラーは問題にします。

授業中に先生に黒板消しを投げつけるという少年が、アドラーのカウンセリングを受けました（*Alfred Adler: As We Remember Him*, p.98）。少年に会う前に、この少年について教師は「校長は何度も彼を家に帰らせた。〈それにもかかわらず〉投げるのを止めない」と説明しました。実際には、校長が少年を家に帰らせた〈にもかかわらず〉黒板消しを投げるのをやめないのではなく、家に何度も帰らせた〈からこそ〉黒板消しを投げつけるのをやめないのです。

総じて親や教師が子どもを叱る時、子どもはどれほど叱られても、大人から見れば問題である行動をやめません。叱られるという形で大人から注目されることを願っているからです。

ここで問題はなぜこの少年は注目を得る必要があると考え、そうするために黒板消しを投げつけるのかということです。ケースの報告を聞いた後、当の少年がアドラーの前に呼ばれます。

アドラーは公開の場でカウンセリングをしました。このことについては批判する人も多かったようですが、皆の前でカウンセリングをすることは、子どもたちに自分が重要であるという感覚を与える、とアドラーはいっています。この感覚は大抵の子どもに欠けています。その場にいる人が皆、カウンセリングを受ける子どもの問題をどうしたら解決できるかと真剣に考えているということは子どもたちに必ず伝わります。

この少年は十歳でしたが、アドラーはすぐに彼が十歳にしては小柄であることに気がつきます。

「君は何歳ですか？」

「十歳」

「十歳？　十歳にしては小さくはないですか？」

少年はむっとしてアドラーを睨みます。

「私を見てごらん。私も四十歳にしては小さいでしょう？」

アドラーが小柄であったことはよく知られています。アドラーは慎重に言葉を選んで話を続けます。

「小さい〈僕たち〉は（「小さい君」といってないことに注目できます）大きいことを証明しなければならない。だから、先生に向かって黒板消しを投げつける。そうじゃないかい？」

少年は目を伏せたまま、少し肩をすくめます。

「さあ、私を見てごらん、私が何をしているか」

アドラーはこういって爪先立ちをします。そして力を抜いて元のように立ちます。そしてもう一度同じようにします。

「何をしているかわかるでしょう？」

少年は顔を上げます。今や、少年自身がアドラーとの問答を通して自分の行動の目的を理解しました。

「自分を実際よりも大きく見せようとしているのです。僕は実際よりも大きくなければならない。皆にも自分にもそのことを証明しなければならない。権威に反抗しなければならない、先生に黒板消しを投げたりして」

「虚栄心においては、あの上に向かう線が見て取れる」といわれる時、その優越性の追求は、もはや誰にでも見られる普遍的なものではありません。「等身大」の自分であるだけでは十分ではなく、「他の人以上であろう」とし、実際よりも自分を大きく見せるために、爪先で立つようなことをして「成功と優越性」(『個人心理学講義』四三頁)を得ようとします。

虚栄心のある人は、あらゆる人に優越したいと思います。それは態度、服装、話し方、また他の人とのつきあい方に現れます。あらゆる人に優ろうと努め、そのためには手段を選ばないのです。

「上」「下」ではなく「前」「後」

虚栄心に見られる個人的な優越性の追求ではなく、普遍的な優越性の追求であれば、ここでいわれているような「上」に向かうイメージが喚起されるのは望ましくないでしょう。

アドラーが、人生は目標に向けての動きであり、「生きることとは進化することである」という時、ジッハーは、この進化は「上」「下」ではなく、「前」に向かっての動きであると考え、ここには優劣はない、と注意しています。人は皆それぞれの出発点、目標を持って前に進んで行き、ある人は速く、ある人はゆっくりと進んで行くのです。

虚栄心は、例えば、人が常に大口を叩いたり、絶え間なく話したり、時には集まり〔の価値〕をそこで発言を許されたか、許されなかったかということで判断する時にもありうる。このような人で、目立つことはなく、おそらく集まりへはまったく出ないで、それを避ける人もある。このように避けることにも様々な形がある。招待されても、特別に請われるのでなければ行かなかったり、行ってもかなり遅刻する。また、集まりへ行くのは一定の条件下だけで、高慢にも自分を特別に見せる。この特別であることを、時に誇らしげに自分について主張するのである。また別の人は、あらゆる集まりに出席することに野心を示す。(『性格の心理学』四六頁)

どんな集まりに行ってもこんな人を見ます。人の話を聞かず、自慢話ばかりする人。実際には知らないのに、知っているかのように話す人等々。

自分が参加する集まり(あるいは、より恒常的な集まりとしての共同体)はそれに所属する人の価値とは関係ありません。子どもが有名進学校に合格したからといって、親がそのことで偉くなるわけではありません。日本人がノーベル賞を受賞したからといって、日本人や大学の関係者が偉いわけではありません。わがことのように嬉しいといってもいいでしょうが、日本人がノーベル賞を受賞したからといって自分が偉くなるわけではありません。

ここでアドラーがあげている人は、集まりに出たり、あるいは出なかったことを語ることで他者の注目を引きたいだけです。アドラーは、あらゆる集まりに出席することに野心を示す人に言及していますが、集まりに出ることは野心からではないかもしれません。自分がいないところで、自分に不利な話がされることを怖れているからだけかもしれないからです。

彼〔女〕らの敵意については、しばしば、鋭い批判的な仕方で表現されている。完膚なきまでに打ち負かし、いたるところで、嘲笑と非難を用意して、独善的で、あらゆる人を批判するのである。（『性格の心理学』四九頁）

攻撃こそ最大の防御といわんばかりです。およそどんな集まりにおいても何か議論がされるというような場合、そこで問題にされるテーマについて皆で建設的に議論することこそ必要であって、他者を嘲笑したり非難することは必要がないことです。

また、このような人は次のようなこともします。いずれも狙いは「個人的な」という限定がつく優越性の追求です。

このような人が絶えず示す軽蔑や侮蔑をわれわれは価値低減傾向と呼んでいる。その傾向は、虚栄心のある人にとって、そもそも何が攻撃点かを示している。他者の価値と重要性である。それは、他者を没落させることで、優越感を創り出す試みである。（『性格の心理学』四九頁）

他者の価値を落とすことで、優越感を得ようとするのです。この「価値低減傾向」こそ、アドラーが彼に話しかけてきた青年に見て取ったことです。青年はこういったのでした。

「お二人の紳士が心理学者であることは知っています。でも、私がどんな人物かをいいあてることは、おそらくどちらにもできないと思いますよ」

青年は、自分の方は何かができるということを何もいわないで、アドラーとナイトが心理学者なのに自分がどんな人物かをいいあてることができないということを指摘する（これが価値低減ということの意味です）だけで、優越感を持つわけです。そんなことなら誰にでもできます。

自分がどんな人なのか、それどころか何を思っているかもいいあてられるのではないか、と私に問う人が時々います。もちろん、これは心理学というものに過剰な期待をしているからではありますが、そのように問う時、私の価値を低減しようという意図はないでしょう。しかし、心理学者に（とりわけ、先のケースでは、青年はアドラーが心理学者であることを知って質問しています）自分がどんな人物かいいあてられないだろうというのは、挑戦的であるといわなければなりません。

なぜ他者の価値を落として優越感を得ようとするのかといえば、虚栄心のある人には、強い劣等感があるからです。自分が実際には優れていないことを知っているからこそ、ことさらに自分が優れていることを強調しようとします。しかも、実際には優れていないわけですから、優れていると「見える」ふりをしなければならないのです。

〔他の人の〕価値を認めることは、彼〔女〕らにとって、個人的な侮辱のように作用するのである。ここからも、彼〔女〕らの中に弱さの感情が深く根づいていることを推測できる。（『性格の心理学』四九〜五〇頁）

それゆえ、何とかして、自分が優れているという「酩酊」（四八頁）の中にあり続けようとします。

そのために、彼〔女〕らは次のようなことをします。

実現不可能な時間への要求をする。例えば、以前に一度何かをしていたら、学んでいたら、あるいは、知っていればよかったのに、とか、また、他の人が、何かをしたり、あるいは、しなかったらよかったのに、というようなことである。あるいは、それは別の理由から実現されない（例えば、男性、あるいは、女性が、私が女性、または男性なら、というようなことである）。それはよい意図を持っていても、実現されない要求である。（『性格の心理学』四八頁）

これらはいずれも「偽りの口実」（四八頁）です。なぜなら、持ち出される仮定はすべて「実現不可能」なものだからです。あるいは、見方を変えると、彼〔女〕らは実現するかもしれないような仮定を持ち出すことは決してありません。

ヘーゲルが『法の哲学』の序文の中で次の言葉を引いています。

「ここがロドスだ、ここで跳べ」

これはアイソーポス（イソップ）の寓話に出てくる話です（『イソップ寓話集』）。国ではいつももっと男らしくやれ、とけちをつけられていた五種競技の選手が、ある時、海外遠征に出てしばらくぶりで帰ってきました。男はあちこちの国で勇名を馳せた、と大言壮語しましたが、ことにロドス島では、オリンピア競技者でさえ届かぬほどのジャンプをしました。もしもロドスへ出かけることがあれば、競技場に居合わせた人が証人になってくれよう、といいました。すると、その場の一人が遮っていいました。

「おい、そこの兄さん、それが本当なら、証人はいらない。ここがロドスだ、さあ跳んでみろ」
男はもしもここがロドスであれば自分の技を見せることができるだろうに、といいたかったのでしょうが、その場にいた人はこの仮定に含まれる欺瞞を見抜きました。どうしてもロドス島でなければジャンプできないというわけではないのです。

夢を見て熟考している間に、時は過ぎ去る。しかし、時が過ぎてしまうと、せいぜい彼（女）には今や自分ができたことを示すよい機会はもはやないといういい訳しか残っていない。（『性格の心理学』四五頁）

現実に自分の虚栄心を満足させるようなことを達成できるという自信がなく不安にかられるので、「時が過ぎる」というよりも、「時が過ぎ去る」のに任せるというのが本当のところです。
そのようにして自分の虚栄心が傷つけられることなく、優越感が無傷で揺らぐことがないように自分を守ります。既に見たように、この優越感は劣等感の裏返しです。

虚栄心は、一定の限度を超えると、非常に危険なものになる。それが、実際に「ある」ことよりも「思われ」に関わるような、さまざまな役に立たない仕事や消費へと人を強いるということ、（他者よりも）自分のことをより考えさせ、せいぜい、自分について他者がどう判断するかを考えさせるということは別としても、人は、虚栄心によって容易に現実との接触を失うのである。（『性格の心理学』四一頁）

矢野顕子に「Happiness」という歌があります。他の人が幸福に見えたので、その人に代わってみたが、幸福になれなかったというのです。

実際に幸福で「ある」（Sein, glücklich sein）ことよりも、幸福であると「思われる」あるいは、そのように「見える」（Schein, scheinen glücklich zu sein）ことを気にする人は、現実に幸福でなくてもいいとまで考えます。もちろん、このような考え方はunsachlich、つまり現実から離れ、現実との接触を失っています。

先に見たように、虚栄心のある人は人生との連関、現実との接触を失います。その一つの場合が、人からどう思われるかを気にする時です。人から認められようとする人は、実は、強い劣等感を持っています。本当に優れている人であれば、誰かにそのことを認められる必要を感じませんし、自分が優れていることを誇示したりはしません。

しかし、自分に力があり、優れていることを確信するために他者からの承認、評価、認容が必要だと思う人は、現実の自分を生きることはできません。このような人が虚栄心を持つことになります。

そして、今自分がしようとしていることが、自分にとって有利かどうか、つまり、それをすることで自分が他の人から認めてもらえるかどうかをまず考えるので、その生き方は非常に不自由なものになります。人にどう思われるかを考える前に、あるいは、どう思われるかということを考えないで、自分が今ここで何をすればいいかを考えなければ、するべき好機を逸することになり、現実との接点を失うことになります。

電車の中で高齢の人に席を譲ろうかどうか迷うことがあります。席を譲られる歳ではないと叱られるのではないだろうか、などと迷っているうちに、時間だけが過ぎていき、席を譲る機会を逸してしまいます。

どう思われるかを気にすることで、人生との連関、現実との接触を失うのですが、ここでさらにこのようになる他の二つのケースも見ておきましょう。

二つ目のケースは、自分や他者について理想を見て、現実の自分や他者を見ないということです。このままの自分でいいかといえばよくないかもしれませんが、この現実の自分から出発するしかありません。あまりに現実からかけ離れた理想を自分について持つ人は、理想と現実との乖離をストレスとして感じ、そのことを理由に人生の課題を解決することから遠ざかってしまうのです。

現実との接点を失う第三のケースは、何かが実現すれば、その時初めて本当の人生が始まるというふうに考えることです。これは「もしも……ならば」と可能性にばかり目を向ける神経症的な論理です。ロドス島で見事なジャンプをしたといった五輪選手は、もしもここがロドス島であれば技を披露できるといいました。もしもここがロドス島であれば、という可能性に留まっている限り、現実から遠ざかっていることができます。

可能性を持ち出すことは、空間的なことばかりではなく、時間的なことについても妥当します。そうすることで問題の解決を先延ばしにすることができます。人生の課題を前にして敗北を怖れる人は、課題に挑戦することを怖れ、「足踏みしたい（時間を止めたい）と思う」（『人はなぜ神経症になるのか』一二二頁）のですが、このことは現実の自分があらわになることをことのほか怖れる虚栄心のある人にあてはまります。

しばしば虚栄心や尊大という言葉の代わりに、美しく響く言葉として「野心」を使うことによって何とか切り抜けようとすることがある。誇らしげに、いかに自分が野心があるかをいう人が多くいる。時に、たゆまず努力することという概念だけが使われる。これらは公共に役立つ事柄のために有用とされる限り、認められる。しかし、通常、これらの表現は、並外れた虚栄心を覆い隠しているにすぎない。（『性格の心理学』四一頁）

ここで「野心」と訳した原語は Ehrgeiz です。「功名心」「名誉欲」というような言葉が訳語として使われますが、虚栄心や尊大という言葉と違う、「美しく響く言葉」として「野心」という訳語をあてました。

野心そのものが問題であるわけではありません。しかし、それが人に認められたいということだけを気にかけるという意味で自分のことばかり考えさせるのであれば問題です。

野心は、新しいことに大胆に挑戦する気持ちであるとともに、野望と同義で、身分不相応な大きな望みという意味で使われることがあります。田辺聖子の『花衣ぬぐやまつわる……』には、大学に進学したいといった女性が、親類から、それは「虚栄心」だといわれたのに対して、「そうじゃない、向上心だ」といった話があります。虚栄心を満たすために大学に行こうとする人もあるでしょうが、そうではない人も当然います。

虚栄心という意味での野心を満たすために立身出世を目指す人は、試験で失敗すればそれっきり挑戦しようとしないかもしれません。最初から、そのような挑戦をしようとしないかもしれません。

フランスの哲学者、ジャン・ギトンが天職と野心について次のように区別しています。いつもこれは天職なのか、野心なのかを問うことは必要だと思います。

「野心は不安です。天職は期待です。野心は恐れです。天職は喜びです。野心は計算し、失敗します、そして成功は、野心のすべての失敗の中で最も華々しいものです。天職は自然のままに身をゆだね、すべてが彼に与えられます」（ギトン『私の哲学的遺言』）

アドラーは次のように説明します。

人類の偉業は野心がなければなしとげられなかっただろうという反論をしばしば耳にする。しかし、これは誤ってそのように見えているのであり、誤った見方である。虚栄心から自由な人は誰もいないので、おそらく誰もがいくらかはこの傾向を持っている。しかし虚栄心は、たしかに人間に方向を与えてはこなかったし、有用な業績へと導く力を与えてこなかった。そのような業績は、ただ共同体感覚からだけ生じうるのである。天才的な業績は、何らかの仕方で共同体が見据えられていれば可能である。そのための前提は、常に共同体と結びついていること、共同体を進歩させようとする意志である。さもなければ、われわれはこのような業績に価値を認めることはないだろう。その際、虚栄心と結びついていたものは、ただ阻害し、妨害するものであったことは確かである。〔天才的な業績において〕虚栄心の影響は大きなものではありえない。（『性格の心理学』四三頁）

人を有用な業績へと導くのは野心ではありません。野心そのものが問題ではない、と先に書きましたが、その野心を導くものがなければなりません。アドラーは、人間に方向を与えるものとして共同体感覚を持ち出します。

天才の業績は個人的な自己満足ではなく、共同体を進歩させ、共同体に貢献すればこそ、価値あるものになります。

〔虚栄心のある人は〕人生の前線に引っ張り出されることがないように、常にいい訳を見つけ出す。しかし、いつも彼〔女〕らの夢から、彼〔女〕らの虚栄心の満足を創り出す。(『性格の心理学』四二頁)

彼〔女〕らは、虚栄心が傷つけられないように自分を守ります。人から認められることだけが重要なので、人との結びつきを求めているように見えるのに、その実、失敗することもありうる「人生の前線」に出ていこうとはしません。可能性だけなら何でもいえます。

もしも失敗すれば何が起こるでしょうか。

虚栄心のある人は、通常、自分の何らかの失敗の罪を〔他の人に〕肩代わりさせることを試みる。自分は常に正しく、他の人は正しくないのである。(『性格の心理学』四二頁)

人生は困難であり、他の人にそのことの責任があるといいます。また、自分が受けた教育がそれほど悪くなかったら、あるいは、何か悪いことが起こっていなければ一番になれただろう、といいます。

アドラーは、先に見たように神経症はすべて虚栄心だといいますが、まさに神経症者は、失敗を人のせいにするだけではなく、症状にも「失敗の罪を肩代わり」させようとします。神経症者はいいます。「もしもこの症状がなければ何でもできるのに」と。そして、可能性ばかりに賭け、現実との接点を失ってしまうのです。そのことは彼〔女〕らにとって不本意なことではなく、失敗することを回避するために、むしろ現実との接点を持ってはいけないわけです。

しかし、人生においては、正しいということは重要ではない。むしろ、自分の問題を前に進め、他の人の問題を促進することに貢献することが重要なのである。（『性格の心理学』四二〜三頁）

虚栄心のある人にとっては、課題の解決それ自体は問題にはならず、どちらが正しいかを証明することだけが重要です。

あるいは、彼〔女〕らは貢献しようとはしないで、嘆き、いい訳しかしません。これは「優越感が無償で、揺らぐことがないように守る試み」（四三頁）なのです。

〔虚栄心のある人は〕人生が要求していること、人間として〔他者に〕何を与えなければならないかを忘れる。（『性格の心理学』四一頁）

虚栄心を手放せば、現実との接点を持てるようになります。人からどう思われるかを気にかけず、人に合わせず、人からの評価を気にしなければいいわけです。虚栄心を手放すことで、いわば地に足が着いた生き方ができるようになります。人から期待される自分に合わせるのではなく、現実の自分をそのまま受け入れればいいのです。

これは「ありのまま」の自分を受け入れるという意味ですが、そのままでいいといわれたらその意味を誤解する人はあります。人に合わせないで現実を受け入れればいいということを伝えるためにそのままでいいとはいいますが（現実との接点を見失う第二のケースとして先に見ました）、実際には、そのままであってはいけないこともあります。

もしも子どもを甘やかし、注目の中心に立つようにさせていれば、子どもに、他の人からよく思われるに値するために何の努力もしないで、ただいるだけで自分は重要であると思うことを教えただろう。（『人生の意味の心理学（下）』七四頁）

何かをする時に、そのことが、他者に利すること、貢献することこそが重要であるのに、自分にとって有利かどうかということばかりが気にかかります。しかし、人から認められようが認められまいが、するべきことはするしかないのです。

われわれが常に共同体に結びついていたいと思うこと、結びついていると信じたい、あるいは、少なくとも、結びついているように見せたいということから、独自の生き方、思考、行為の技術が生じる。（『性格の心理学』一五頁）

誰も共同体から離れて生きることはできません。他者のことなど気にかけず、どれほど超然としているように見えても、人は常に共同体に結びついていたいと思います。その結びつきの仕方は人によって違います。ただ共同体に所属するだけの人もあれば、共同体に積極的に与えること、貢献することによって所属感を得ようとする人もあります。

虚栄心のある人の役割は、常に期待する人、取る人の役割である。このような人に、発達した共同体感覚を示し、何を与えることができるかという口にはされない問いを持って生きるタイプの人と鋭く対比すれば、すぐに大きな価値の違いを認めることになるだろう。（『性格の心理学』六二頁）

虚栄心のある人はただ共同体に所属しているだけではなく、常に他者から期待し、取ろうとします。自分では共同体や他者には何かを与えないということです。

それに対して、共同体感覚が発達した人は、他者に与えること、貢献することを考えて生きていますが、何をすれば与え、貢献できるかという問いを口にすることがないほど、そのような生き方が身についています。すぐ後に見るように、自分の行いが他者に賞賛されること、承認されることすら問題にはしません。

こうして人が既に何千年前から非常に確実に予感してきた立場に到達する。それは「受けることよりも与えることが幸いである」という知恵のある聖書の言葉の中に表現されている。われわれが今日、非常に古くからの人類が体験したことの表現であるこの言葉の意味を熟慮する時、ここで意味されているのは、与えること、つくすこと、援助するという気分であることがわかる。それは精神生活の均衡と調和を自ずともたらす。与える人に自ずと生じる神々からの贈り物のようなものである。（『性格の心理学』六二頁）

他方、取ることに心が向いている人は、大抵ぼんやりしていて満足せず、完全に幸福になるためには、この上さらに何をしなければならないかとか、手に入れないといけないかという考えに絶えずとらわれている。(『性格の心理学』六二頁)

このような人は自分のことしか考えていません。ある男がイエスに、永遠の命を得るためにはどんなよいことをすればいいのかと問いました(『マタイによる福音書』)。掟を守るようにといわれた男はいいました。

「そういうことはみな守ってきました。まだ何が欠けているのでしょうか」

そこで、もしも完全になりたいのであれば、持っているものをすべて売り払い、貧しい人々に施すようにといわれた男は悲しみながら去っていきました。たくさんの財産を持っていたからです。思うに、たとえ彼がイエスがいうように財産をすべて売り払ったとしても、永遠の命を得ることはできないでしょう。虚栄心を満足させようとしているだけだからです。

野心のある子どもは他人の賞賛なしには生きることはできないと感じている。(『子どもの教育』三九頁)

共同体感覚とは関係なしに、ただ個人的な優越性を追求するために人が持つ野心は他の人からの賞賛を必要とします。賞賛でなくても、誰かに認めてほしいと思う人はあるでしょう。ほめられたい、認めてほしいと思うのは、子どもが親から受けた子育てや教育の影響によるところが多いでしょう。多くの人はほめて育てられるからです。しかし、ほめられなければ、あるいは、承認されなければ適切な行動をしないというのは問題です。

ロンドンオリンピックでメダルを取った選手たちの凱旋パレードがありました。沿道に集まった人もメダリストも満面の笑みを浮かべ手を振っていました。何年にもわたる努力が報われたと思えたことでしょう。しかし、もしも選手たちが、メダルを取って凱旋パレードに参加することを目指して、練習に励み、頑張ったとしたらおかしいでしょう。

選手たちは親を初めとして自分を応援し、支えてくれた人たちに感謝の言葉を語っていました。誰も自分の力だけでオリンピックに出られた人はありませんから、長年自分を支えてくれた人に感謝の言葉を述べることは、受賞後の第一声として自然のことだと思います。しかし、そのような人の「ために」メダルを取ったのかといえば、そうではありません。メダリストは、結果としていい成績を残せたわけですが、自分を支え、応援してくれた人のためにメダルを取ったわけではありません。

反対に、もしも不本意な結果に終わり、メダルを取れなかったら、謝らないといけないのでしょうか。実際、これまでのオリンピックでも期待されていたのにメダルを取れなかった選手が謝っていました。しかし、選手たちは誰かのために競ったわけではなく、また、アナウンサーが絶叫していたのですが、国家の威信をかけて競ったわけでもありません。

子どもたちが勉強するのも、親の期待を満たすためではありません。誰のためかといえば、基本は自分のためです。いい結果を出せなければ、オリンピック選手も子どももそのことは自分に跳ね返ってきます。ですから、その場合は、すぐに「次」に向けてトレーニングをし、勉強をすればいいのであって、他者の期待を裏切ったからといって、落ち込んでいる暇はないのです。

親は子どもが間違った思い込みをすることがないように気をつけなければなりません。試験でいい成績を取って嬉しそうにしていれば「嬉しそうだね」と声をかけてもいいですが、賞賛することは避ける必要があります。結果がよくなかったら声をかけられなくなりますし、また、次に頑張ればいいだけのことなのに、親の期待を裏切ったと思ってみたり、親が不用意に発する辱めの言葉に子どもが自分の人格まで貶められたと思い、落胆するかもしれないからです。勉強には真剣に取り組む必要がありますが、深刻になることはないことを教えたいです。

勉強は他者の期待を満たすためではなく、基本は自分のためだと書きましたが、だからといって自己満足すればいいというわけではありません。勉強することは決して親の期待を満たしたり、立身出世するためでもなく、他者に貢献するためのものであることを親自身がよく理解し、日頃からそのことを子どもに伝えたいのです。子どもがこのことをよく理解できれば、勉強はただ苦しいものではなく、勉強するための強い動機づけを得ることができるでしょう。

夢枕獏の『神々の山嶺』という小説は、エヴェレストに無酸素で単独登頂を試みる登山家と、彼を追う写真家の話です。写真家は山頂に立つ登山家の姿を撮ろうと後から登って行きます。ところが、途中、落石事故にあい、氷壁で宙づりになってしまい、もはやこれまでと死を覚悟し、そのまま意識を失ってしまいます。ふと、誰かが自分の身体を揺すっていることに気づきます。登山家が引き返してきたのです。互いに相手とは関係なく登るという約束をしていたことに加え、無酸素で登るわけですから、携行する荷物を減らしてまで極力負担をかけないようにして山頂を目指していた彼が、宙づりの自分を背負って助けようとすることに写真家は驚きます。無事、救出後、再び彼は山頂を目指しました。

私はこの小説を読みながら自分が山に登っているかのように緊張しましたが、写真家を救えるのは彼しかいない、決して見捨てたりしないだろう、救いに戻ってきてほしいと思い始めると、先を読み進めないほどに緊張してしまいました。彼は登頂の成功よりも仲間の生命を優先したのです。なぜ大きなリスクを冒してまで戻ってきたかという問いに、登頂の成功を最優先する人には合理的で納得できる答えを出せないでしょう。

私はこの話を読んで、子どもたちの勉強のことを思いました。競争しか知らない子どもは協力することはできません。しかし、協力ということを知っている人は、必要があれば競争することができます。どんなに成績が優秀でも、自分さえよければいいと思うような子どもになってほしくないのです。

そのような子どもに育てたくないのであれば、家庭の中で勉強さえしていればいいというような特権的な地位を子どもに与えないことが大切です。働いている親が家事もしているように、子どもも家事を分担しつつ、勉強もすればいいのです。家事を手伝うことで子どもは貢献感を持つことができますし、やがて今取り組んでいる勉強によっても同じ貢献感を持てることを教えてほしいのです。自分のことしか考えない子どもは、勉強が苦しければすぐにやめてしまいます。

アルベール・シュバイツァーは、神学者、哲学者、オルガニストでしたが、突然、アフリカに行く決心をしました。当時、もう三十代でしたが、学者、芸術家として忙しい生活の合間をぬって、アフリカの人を助けるために医学の勉強を始めました。シュバイツァーのオルガンの先生だったビドル先生は、なぜ止めなかったのか、とまわりから責められた時、こういいました。「神さまが呼んでいるらしい。神さまが呼んでいるというのに、私は何をすることができようか」。仕事のことを英語ではcalling、ドイツ語ではBerufといいますが、神に呼ばれる、とか呼び出されるという意味です。日本語では「天職」といいます。そのような目標が見つかれば、日々の勉強はただ苦しいものではなくなります。

親がまず勉強は苦しいものだという思い込みをなくすことが必要です。今頑張っておけば楽ができるというようなことを考えていてはいけません。

嫉妬

愛の関係における嫉妬だけではなく、他のすべての人間関係においても見ることができる。とりわけ、子ども時代には、きょうだいが、他のきょうだいよりも優るために、野心の感情と共に、このような嫉妬を自らの内に発達させ、そうすることで、敵対的な立場を示す。（『性格の心理学』七三頁）

嫉妬する人は、他の人に対して敵対的な立場を取りますから、嫉妬も闘争的な性格の一つとしてあげられています。

兄や姉が、弟、妹が誕生した際、それまで自分にだけ向けられていた親の愛情、注目、関心が自分から離れ、そのため、いわば王座から転落し、冷遇されていると感じるということがあります。そのような人は後の人生においても、他の人の方が自分よりも愛されるようになるのではないかと思うので、人との関係の中で緊張が増し、嫉妬深くなることがあります。

嫉妬深い人は、パートナーを自分のもとに引き止めておくことができないのではないかと怖れている。そこで、何らかの仕方でパートナーに影響を及ぼしたいと思うまさにその瞬間に、嫉妬を表明して自分の弱さをさらけ出してしまう。(『個人心理学講義』八八頁)

嫉妬は弱さであり、劣等感にもとづいているのです。相手が自分から離れていく兆候が少しでも見えれば、なりふりかまわず、自分のもとに留まるよう哀願する人もあるでしょう。相手にしてみれば、そのような姿は、自分が知り合った最初の頃の姿とはあまりに違うので、困惑するか、気持ちが冷めるということが起こりえます。

自信がある人であれば、相手を自分のもとに引き止めておくことができないのではないかという怖れとは無縁です。

アドラーは、この嫉妬と羨望を区別しています。

われわれの性格の中には、ある程度羨望の気持ちがある。わずかであれば害を及ぼすことはなく、ごく普通のことである。しかし、羨望は有用なものでなければならない。羨望によって、仕事をし、前に進んで行き、問題に直面できるようにならなくてはならない。そのようであれば、羨望は無益なものではない。それゆえ、われわれが皆持っているわずかな羨望は、大目に見るべきである。(『個人心理学講義』八八頁)

大学院に入った年、すぐに私はそこで学ぶ仲間が驚くほど優秀であることに気づきました。そして、何の苦もなく（というふうに見えたということですが）原書を読む仲間に羨望の気持ちを持ちました。

しかし、この羨望は、いっそう勉強しようという刺激になりこそすれ、アドラーがいうように無益なものではありませんでした。すぐに読んでも意味を理解しがたいテキストを皆で知恵を持ち寄って協力して読むという感覚を常に持ち続けることができました。

他方、嫉妬は、これよりずっと厄介であり、危険な態度である。なぜなら、嫉妬は有用なものにはなりえないからである。嫉妬する人が有用であるような道は決してない。（『個人心理学講義』八八頁）

競争関係になってしまうからです。競争自体に問題があるわけではありませんが、学びの場を例に取れば、自分より優秀な人に嫉妬する人はその人を貶めるためにどんなことでもしようとするでしょう。あるいは、競争することから自らが降りてしまうのです。

嫉妬は様々な形で現れる。それは不信感、こっそりとうかがってはかるという特徴、軽視されているのではないか、と絶えず怖れることに見られる。（『性格の心理学』七六頁）

自分が消耗するような嫉妬であることもあれば、向こう見ずで精力的なふるまいとなる嫉妬もある、とアドラーはいいます。後者は野心に結びつく嫉妬です。野心のある人はとうてい太刀打ちできない人をも超えようとします。

嫉妬する人は、相手をけなすか、あるいは、相手を支配するために、誰かを束縛する努力をして、自由を制限することを試みる。（『性格の心理学』七六頁）

相手をけなすことで相対的に自分を高めようとするわけです。相手を支配しようとする人は、「愛の法律」（七六頁）を強いようとします。その法律は、相手に、「どのようにまなざしを向け、行為の、それどころか思考のすべてを統御すべきかを命じる」のです。相手が自分以外の人に目を向けることを好まない人はたしかにいます。行動や思考まで統御するというようなことはありえないと思う人もあるかもしれませんが、相手に自由を許さず、相手を自分が好むような人になるように教育することを試みるわけです。

嫉妬と愛を同一視する人がいます。嫉妬されないと愛されている気がしないというのです。支配され、束縛されることを喜ぶ人がいるとは思えないので、そのようなことをいう人に確かめると、自分は束縛されたくないし自由でいたいが、相手は束縛したいというのです。しかし、もしも権利を主張するのであれば、相手にも同じ権利を認めるのでなければ公正ではありません。つまり、自分も相手から束縛されることをよしとしなければ、一方的に相手を束縛することはできないということです。無論、そんなことを望む人はいないでしょうから、そうであれば相手を束縛してはいけないのです。

嫉妬する人は自信がないのです。自分が愛する人が他の人に目を向けるだけで、相手が自分ではなく、他の人に好意を持つようになるのではないかと怖れるわけです。

常に人間の同等や対等を再び目指す行動をし、そのための対策を立てることを促すのは、嫉妬を回避するためである。(『性格の心理学』七九頁)

相手が自分と同等、対等であると思えないことが問題です。先に見たように、嫉妬する人は相手を支配、束縛しようとしますが、そもそも支配や束縛は対等な人間関係の中では起こりません。あらゆる対人関係を対等な関係であると見るのは、アドラーのもっとも基本的で重要な原則です。

人間の顔を持っているすべての人は対等である。(『性格の心理学』七九頁)

これは人間社会の根本原則である、とアドラーはいいます。

後に見るように、アドラーは、目を合わそうとしないことを問題にします。目を合わさないのは羞恥心の表れと見ることもできますが、それは相手の「顔」を見ないことであり、さらにいえば、相手の「顔」を見ようとしないということです。「人間の顔を持っているすべての人は対等である」というアドラーの言葉に照らして考えれば、相手を対等と見ないために、あえて目を合わさず顔を見ないというのが本当です。

人と人が殺し合う戦争では、個人を見てはいけません。顔が見えれば爆弾を投下できず、ミサイルを発射できないからです。しかし、戦争で死ぬのは、この人やあの人です。池澤夏樹がイラク戦争について次のようにいっています。

「アメリカ側からこの戦争を見れば、ミサイルがヒットするのは建造物3347HGとか、橋梁4490BBとか、その種の抽象的な記号であって、ミリアムという名の若い母親ではない。だが、死ぬのは彼女なのだ。ミリアムとその三人の子供たちであり、彼女の従弟である若い兵士ユーセフであり、その父である農夫アブドゥルなのだ」（池澤夏樹『イラクの小さな橋を渡って』）

戦争という特殊な状況でなくても、誰かに暴力を振るう時は、相手を対等な人格を持っているとは見ていません。「この人」ではなく、「もの」としか見ていません。

殺人者は自分がまさに殺そうとする人からの「汝殺すなかれ」という呼びかけにあえて応答しようとはしません（高橋哲哉『反・哲学入門』）。まさに殺されようとする人は、怯える目つきで見つめるのではないでしょうか。そのような他者の顔を見た時、人を殺すことは到底できないように思います。アドラーの言葉を使うならば、他者の立場に身を置いて考える「共感」能力がない人、あるいはそのように訓練を受けた人がいるわけです。

ここでいわれる共感能力は、共同体感覚と密接に結びついています。

共同体感覚を持っている子どもは、よく聞き、よく見る。記憶力も成績もよく、友人や仲間を得る能力を持ち、よき協力者、仕事仲間であり、おそらく他の人よりも知力も優れている。なぜなら、共同体感覚によって他の人の目で正しく見て、他の人の耳で聞き、他の人の心で感じることができるからである。共同体感覚を十分持っている人は、活発に行動し、困難を克服し、よりよく訓練されていることを見ることができるだろう。また、共同体感覚を持っている人は、学校や友だちのサークル、仕事において、重要な地位にいて、人生の課題を正しく解くことも見ることができる。
（『教育困難な子どもたち』一一八頁）

「他の人の目で正しく見て、他の人の耳で聞き、他の人の心で感じること」が共感できるということですが、これが共同体感覚の定義とされることもあります。

この意味での共同体感覚を持ち、他者に共感できる人は、他者を「もの」と見ることはできません。他者を自分と対等の者として接しますから、他者を支配したり、他者を自分の手段にするということはありません。

妬む人は、常に他の人から何かを奪い、何らかの仕方で軽視し、邪魔をするという欲求を示すだろう。そして、自分が達成しなかったことに対しては、いい訳をし、他者を責める傾向を持つ。
（『性格の心理学』八〇頁）

〔嫉妬する子どもは〕自分の競争相手にあらゆる悪しきことを願うようになる。そしてただ願うだけではなく、害を加え、トラブルを引き起こし、さらには、時に紛れもない犯罪傾向を示すことになる。（『子どもの教育』三四頁）

このような人でも嫉妬する相手との関係をよくしたいとは思っているでしょうが、嫉妬することは相手との関係を損なうことになり、相手を常に自分の監視下に置きたいと思う人は、執拗につきまとうストーカーになることもあります。

いつも人間知をあまり持つことはなく、自分の判断で他の人を傷つけるだろう。彼〔女〕らがすることで他の人が苦しんでも、何も感じない。（『性格の心理学』八〇頁）

嫉妬する人は、自分が愛する人に悪しきことが起こることを願うということになって、妙なことになってしまいます。愛するのであれば、相手に悪しきことが起こらないことを願うはずでしょうが。

しかも、実際そのようなことが起き、相手がそのために傷つくとしても、共感能力がない彼〔女〕らは痛みや苦しみを感じることはありません。

相手につきまとうストーカーと同様、愛するあまり（と、彼〔女〕らはいいたいでしょうが）行きすぎた行為は、たとえ最初は好意を多少なりとも持たれたとしても、その気持ちは失せ、煩わしいと思った人はそのような行為をする人を避けるようになるでしょう。

貪欲（吝嗇）

貪欲はお金を蓄えるということだけに限定されず、誰かが他の人を喜ばす気になれず、したがって、全体や個人のために献身することを惜しみ、わずかな財産を守るために、自分のまわりに壁を高く積み上げることに本質的に表現され、広く見られる。（『性格の心理学』八〇〜一頁）

内村鑑三は、この世を去る時にこの「地球」（国家ではないところが私の注意を引きます）を愛した証拠を残していきたい、では何を残すかということで、まず第一に「金」をあげています（内村鑑三『後世への最大遺物』）。お金は誰にでも残せることができるわけではないという意味で「最大」のものではありませんが、それが後世の人に役に立たないというわけではありません。

ただし内村はこんなふうにいっています。「金を儲けることは己のために儲けるのではない、神の正しい道によって、天地の正当なる法則にしたがって、富を国家のために使うのであるという実業の精神がわれわれのなかに起こらんことを願う」といっています。さらに金をため、それを使うことを知っていなければなりません。

内村はアメリカの金融業者、ジェイ・グールドの名をあげています。グールドは、親友を四人まで自殺させ、あちらの会社を引き倒し、こちらの会社を引き倒して二千万ドルためました。しかし、それを慈善のために使うことはなく、ただ自分の子どもにそれを分けて死んだだけだ、と内村はいいます。金を賤しめないという点で、内村は当時の日本の基督者として独自ですが、ただ金を儲ければいいといっているわけではないわけです。

アドラーが、この貪欲ということがお金を蓄えることだけに限定されないといっているように、思想であってもいいわけです（内村は、思想も後世への遺物としてあげています）。

アドラー自身「蓄える人」ではなく、持っていたものは何でも与えたといわれています（Phillis Bottome, *Alfred Adler*）。正しく理解されるのであれば、自分の学説が、たとえその名前が言及されなくても、共有されることを拒むことはありませんでした。それどころか、誰も自分の名前を思い出さなくなる時がきて、アドラー派が存在したことすら忘れられてしまうことがあってもかまわない、といっています。「心理学の分野で働くすべての人が、われわれと共に学んだかのように、行動することになるだろうから」（Manaster et al. eds., *Alfred Adler: As We Remember Him*）。

先に見た言葉を使うならば、アドラーは与える人だったのです。

また、教育の場面でいえば、クラスの中に優秀な子どもがいれば、そのような子どもたちだけを別にして伸ばすというよりは、「クラス全体を前に進め、発展するよう刺激を与えるのは賢い子どもたちである」と、そのために彼〔女〕らが絵画や音楽等々に時間を費やせば、そのことが他の子どもたちを刺激し、クラス全体に益がある、とアドラーはいっています（『子どもの教育』一四二頁）。しかし、とりわけ彼〔女〕らが他の子どもたちに教えることがクラス全体が伸びることに役立つと私は考えています。

教えることによってこそ学ぶことができるということは、どんな形であれ人に教える経験がある人は知っていることです。自分の知識を出し惜しみし、人に教えたら損をするというような人は、いつも自分のことしか考えていないのです。

貪欲が人生のある形に適用された時のように、価値のある性格であるように見えることさえある。例えば、時間や労力を惜しみ、おそらくそうすることで、偉大な仕事をなしとげるような時である。現代の学問的な方向と道徳的な方向は、まさに時間を惜しむことを非常に強調するので、どの人にも時間と労力（また労働力も）を「経済的に」処理することを要求する。これは理論としては非常に美しく聞こえる。しかし、この根本原則がどこかで実践的に用いられているのを見るとすぐに、そこにはただ力と優越性の目標が支配しているだけであるのがわかる。（『性格の心理学』八一頁）

ここでいわれる貪欲な人は、自分のために何かを自分の中に蓄えようとしますが、それを他者のために与えることはしません。あまりに得ることばかりが関心事なので、時間や労力ですら惜しみ、そのことによって生じる負担を自分から他の人に転嫁しようとすることもあります。

われわれは惜しむよりは、むしろ与えることを原則にするのがよい。（『性格の心理学』八二頁）アブラハムが見た神の火のように、いくら与えても消えることはありません。

憎しみ（敵意）

憎しみの感情は様々な点を攻撃することができる。人がその前に置かれる課題に向けられることもあれば、個々の人、国民や階級、異性、さらに人種に向けられることもある。（『性格の心理学』八二頁）

犯罪者は、自分が害する人に対して憎しみの感情を持ちます。国家間の戦争も同じです。この感情が向けられる対象については、個人間であれば比較的明らかで、通常、特定の人に向けられます。ところが、この対象が人種ということになれば、ナチスによるホロコーストのような悲劇をもたらします。

戦争においても、憎しみの対象は明確ではありません。かつて第二次世界大戦中は、鬼畜米英という言い方がされました。アメリカ人やイギリス人は鬼畜（鬼や畜生）であり、人間らしい心を持っていない者だとされたのです。

しかし、鬼畜と総称されるようなアメリカ人やイギリス人というのは、抽象的な概念でしかありませんから、そのような一般的な人を憎むというようなことは不可能です。不可能であればこそ、鬼畜米英というキャンペーンをしなければならなかったのです。

個人的に関わりにある人であれば、その人を憎むということはあるでしょうが、領土問題で中国ともめているからといって、中国の人全般に憎しみを持つことはできません。中国に行っても日本人であるというだけで殴られるというようなことはないでしょう。日本に観光にやってきた中国人に憎しみを覚えることなど不可能です。

たとえ日本がどこかの国と戦争することになったとしても、その日から私が知っているあの人やこの人が憎しみを向ける何々人になるはずはありません。

長崎での原爆被爆体験を抑えた筆致で描き、戦争の不条理を強く訴える林京子によれば、長崎に投下された原爆の爆圧観測する、観測用ゾンデの中に降伏勧告書が入っていました。その最後に次のように記されていました（林京子『祭りの場・ギヤマン・ビードロ』）。

「日本国がただちに降伏しなければそのときは原爆の雨が怒りのうちにますます激しくなるであろう」

一体、誰の誰への怒りなのでしょうか。

「殆どの私たちには、なぜ怒られるのか理由さえつかめず……」

「浦上には人間が住んでいた。人間の臭みに満ち満ちた、人間らしい街だった。そして、十万人に近い人間があの土地で死んだ。そこにいあわせた私たちが、どんな悪い罪を犯したというのだろう」

一体、誰がこの問いに答えることができるでしょう。

一定の職業はある種の敵意がなければ就くことはできないということは容易に証明される。しかし、そのことは、ある種の敵意がなければ営むことができないという主張とは同じ意味ではない。逆である。人間に敵意を抱く傾向のある人が、このような職業、例えば、軍事的職業に就くという決心をした瞬間に、全体の組織や職業の表現によって、さらに、この職業の他の人との連関を創り出す必要性によって、すべての敵対的感情は、外面的には共同体に適応するよう向きを変えられるのである。（『性格の心理学』八四頁）

いわゆる職業軍人であれば、個人を見ないで抽象的な、憎しみの対象となるような何々人に対して攻撃を加えることができるかもしれません。そうでなければ、例えば、徴兵され意志に反して戦場に駆り出されて敵と闘う時に無理に憎しみの感情を創り出す必要があります。闘う対象である相手国の人に何か憎むことに値する問題があって憎むわけではなく、闘うために憎しみという感情を創り出すわけです。

自分が行おうとする行為が正当な怒りをもってなされるものだという確信がなければ、爆弾を投下するボタンを押すことはできないでしょう。炸裂した爆弾は誰彼の区別なく人を傷つけ、死に至らせます。爆弾の炸裂がもたらす破壊力が向けられる人の感じる痛みを想像することをやめなければボタンを押すことはできません。

戦争では何々人として一般化された人を殺すのであって、名前のついた個人を殺すのではありません。戦時には個人を見てはいけないのです。ミサイルを発射する兵士は、このミサイルがもたらすであろうこの人やあの人の死を思い浮かべない訓練を受けます。少し想像すれば、個人を殺すのであり、その人には家族がいるというようなことはわかるはずですが、そんなことも振り返ることができないほど戦争は人を狂気に駆るのです。

闘争的な性質の人において、憎しみの特徴が見られるのは稀ではない。憎しみの感情は、怒りの爆発において、非常に高い程度に達することがある。あるいは、より穏やかな形では、事後性として表される。（『性格の心理学』八二頁）

怒りを爆発させる人がいます。この時、人は怒りを向ける相手を憎んでいるわけです。「事後性として表される」というのは、いつまでも恨みに思う、長く根に持つという意味です。

体罰は怒りの感情を伴ってなされる。そこに正義など何もない。復讐のために体罰が加えられるのである。（*Adler Speaks*, p.88）

ある政治家が「僕が（子どもに）手を上げることもある。親がそうだから学校現場でも（体罰は）ある」といっているのを知って驚いたことがあります。子どもに手を上げることもあると公言することを恥ずかしくはないのかと思います。自分を親全般と見なし、学校現場にも体罰があるとする論理はでたらめです。体罰が存在することを前提に、体罰が起きた後の生徒への対処方法が重要であるとその政治家はいいますが、体罰を加えても生徒が自殺しないような対処をすればいいといっているように聞こえます。

体罰は学校教育法で禁じられていますが、指導との線引きが難しいとか、必要最小限の有形力（目に見える物理的な力）を行使して児童生徒に懲戒を加えることはできるというようなことをいっている間は、子どもたちの生命はいつも危険に曝されています。

虐待も、虐待する親は躾だというでしょう。ここでも線引きは難しいという人はあるでしょうが、体罰も虐待も指導、躾、教育ではありません。体罰は暴力以外の何ものでもありません。叱ることすら教育とは何の関係もなく、叱らなくても育児、教育はできます。

罰、とりわけ体罰は、子どもたちにとって常に有害である。友情の精神で与えられないどんな教えも誤った教えである。（『人生の意味の心理学（上）』一六三頁）

大人と子どもは対等ですから、たとえ子どもが誤ったことをしても「友情の精神」で教えればいいだけのことであって、罰を与える必要はありません。

それにもかかわらず、罰を加えると何が起こるでしょう。

体罰は無効である。なぜなら、社会は敵対的であり、協力することは不可能であるということを犯罪者に確信させるだけだからである。何かこの種のことが、犯罪者に、おそらくは、学校で起こったのである。協力する訓練を受けなかったので、勉強はできず、教室で問題を起こした。彼は責められ罰せられた。今、そうすることは、協力できるよう勇気づけることになるだろうか。状況は以前より絶望的である、と感じるだけである。人々は自分に敵対している、と感じる。無論、学校を嫌う。非難され罰せられることが予期される場所を好きな人が誰かいるだろうか。(『人生の意味の心理学（下）』九五頁)

ここでは犯罪との関係で体罰について論じられていますが、たとえ犯罪に至らなくても、罰することの有害な影響は明らかです。「社会は敵対的であり、協力することは不可能であることを確信させる」とは少しわかりにくいですが、次のような意味です。

罰せられると、罰する人を「敵」と見なすようになります。誰も敵と見なす人や社会に協力しようとはしないという意味です。

憎しみの感情はいつも直線的でも明らかになるわけでもなく、時としてヴェールで覆われているということ、それは例えば批判的態度という、より洗練された形を取りうるということを忘れてはならない。(『性格の心理学』八三頁)

憎しみの感情は、個々の人、国民や階級、異性、さらに人種に向けられます。しかし、この感情を直接あらわにすることはよしとはされていません。今見たような仕方の他、あらゆる種類の結びつきを拒否するということに見られることもあります。憎しみの感情があるので、他の人と結びつこうとしないのではありません。むしろ、他の人と結びつかないために憎しみの感情を創り出すというのが本当です。

敵意の感情がとりわけよく隠されている現象形態は、不注意によって、共同体感覚が課すあらゆる顧慮を行為者が無視することによって引き起こされる人やものの取り扱いと損害である。（『性格の心理学』八四頁）

不注意は、憎しみの感情から分化したものです。共同体感覚があれば、人やものについてしかるべく気にかけることができるはずですが、敵意を持っていれば、そのような注意をすることができません。

人やものに害を加えることがあります。違反行為や過失行為は犯罪行為とは同じではありません。植木鉢をちょっとした震動でも通行人の頭に落ちるような窓際に置くことと、それを通行人に投げつけることとは同じではありません。前者は、未必の故意といわれます。積極的に害悪を加えることを意図するわけではありませんが、行為の結果、実害が発生してもしかたがないと思っているわけです。

アドラーは、不注意な人によるこのような行為は、犯罪者が持つのと同じ敵意が根底にある、と指摘しています。このような場合、行為者には意識的な意図はなかったのですから、情状酌量するべきだとも考えられますが、アドラーは、意識的な敵意のある行動と同じ程度の敵意が根底にあり、共同体感覚が欠如している、と厳しいことをいいます。

アドラーは、さらに子どもが遊ぶ時に、他の子どもたちにあまり注意しておらず、そのような子どもたちが遊びに参加するたびに事故が起こるというようなことがあれば、他の子どもたちに対する思いやりを持たず、隣人の幸福や苦しみを目に留めることに慣れていないといわなければならない、といっています。
また、アドラーがあげる次の例は、アドラーがいうように仔細に見なくても、「他者に対する敵意」を見ることができるでしょう。スピードを出しすぎて人を轢いた運転手が、大切な約束があったからだ、と弁明するというようなケースです。

このような態度の中に、自分の個人的な小さな要求を、他者の幸福と不幸よりも重視し、他者に生じる危険を見逃す人がいるということを見ることができるだけである。（『性格の心理学』八七頁）

このようなことは必ずしも意図的ではありませんが、意図的な憎しみや敵意を伴う意図的な行為によるのと同じほど共同体感覚の欠如を示す不注意によって害される可能性があります。

おそらくよい意図を持っている人も、このような状況においては、徹底的に個人的に防衛するしかないという確信に満たされている。その際、大抵、このような個人的な防衛が、通常、再び他の人を害することと結びついていることは見逃される。（『性格の心理学』八六頁）

実際に、自分に対して攻撃や、あるいは不注意のゆえの実害が自分に及ぶ、あるいは、及ぶという可能性が少しでもあれば、防衛するしかない、と確信することになるのはよくわかります。
しかし、そのことは、ここで指摘されているように、防衛の結果、他者を害することになったり、「共同体感覚のゆえに自明で正しいと認めてきた要求」（八六頁）を満たすことが困難になります。

共同体感覚を持つ人は、他者を敵ではなく仲間と認めていますが、他者が自分を害する可能性があり、そのことに対して身を守らなければならないとすれば、もはや他者を仲間と見なすことはできなくなるのです。

時にはそのようなことが自動的に起こる。集団の精神は常に働いており、できる限り身を守ろうとするからである。（『性格の心理学』八六頁）

国家間においては、自国を他国からの侵略に備えなければならないと考える人たちは、自衛のための戦争も辞しません。

その際、先にも見たように、良識のある人であれば当然理解しているはずの個人と国家の違いすら問題にされないことがあります。戦争においては、国家の単位で思考がなされるために、個人ではなく、中傷された何々人が実在するかのような錯覚をすることになってしまうのです。

第五章　非攻撃的性格

控え目

控え目は様々な仕方で現れる。控え目な人はあまり話さないか、まったく話さない。人を見ず、話に耳を傾けることもなく、話しかけても注意を払わない。あらゆる関係において、もっとも単純な関係においても、冷たさが見られ、人を互いに引き離す。（『性格の心理学』八九頁）

控え目を初めとして、アドラーが非攻撃的、あるいは防衛的性格特徴という性格を持っている人は、いずれも「敵意ある孤立」という印象をまわりに与えます。そのような人は、決して誰にも害を加えることはありませんが、人生と他者から距離を取り、どんな結びつきも避け、孤立の中で他者と協力することを拒みます。しかし、人生の課題は他者と協力することなしには解決できないので、孤立している人も、攻撃的な人と同じ敵意を持っているのです。

攻撃的であれ、防衛的であれ、敵意のある個人も国家も、自らの精神を選ばれたものとして賛美し、他者には悪いことしか見ようとしません。他者への敵意を煽る扇動家（デマゴーグ）のいうことにしか耳を傾けなくなります。孤立した人はいよいよ自分が正しいと確信します。そのような人は、誰からも支持されなくなると、そのことが自分が正しいということの証であると思うのですが、それと同時に不安でもあるので、他者を犠牲にしてでも、優越性（個人的な優越性です）を実現しようとします。追い詰められた宗教の教祖は自分を支持する信徒を駆り立てテロ行為に走るかもしれません。誰からも支持されなくなった政治家は、他者からの進言に一切耳を傾けようとしなくなります。

控え目な人は、前面には出ないで引き下がることで、自分が特別であることを示したいと思います。根底にあるのは敵意ですが、一見、控え目な態度は無害なものに見えます。

他者から孤立する場合でも、そのことが最終的には再び他者と結びつくためのものであれば、敵意ある孤立とはいえません。哲学者について、次のようにいわれています。

もしも哲学者が仕事をなしとげたいと望めば、いつも他の人と昼食や夕食に行けるわけではない。というのは、自分の考えをまとめ、正しい方法を用いるために、長い時間ひとりでいなければならないからである。しかし、その後で、再び社会と接触することを通じて、成長しなければならない。このような〔社会との〕接触は、哲学者の成長の重要な部分である。（『個人心理学講義』三七頁）

私はプラトンの洞窟の比喩を思い出します（プラトン『国家』）。縛めを解かれて真実在、イデアを見てしまった哲学者はその世界に留まることを許されません。再び洞窟の中に戻っていかなければならないのです。真理を見てしまえば、哲学者自身は満たされるはずです。その上、現実に戻ることなど必要はないともいえます。

先に見たエベレストに単独登頂した登山家は自分の成功のことだけを考えていれば、後からやってくる写真家を助けようとはしなかったでしょう。結果として、そのことが余分な負担になって登頂に失敗することになるとしても、仲間を見捨て登頂に成功するよりもはるかに意味のあることとその登山家は考えたのだと私は思います。

不安

まわりの世界に敵対的であるような人の態度に不安の特徴を見出すのは稀ではない。それは人の人生を途方もなくつらいものにし、自分を他の人から閉め出し、そうすることで、平和な生と実りのある行動の基礎を獲得することに向かないようにする。怖れは人の生活のあらゆる関係に及びうるからである。(『性格の心理学』九一頁)

怖れが人を不安にするわけではありません。人生の困難から逃げ出そうとする人が、不安という感情を創り出すというのが真相です。しかし、不安をこのように見ることは通常はないでしょう。人生の困難を前にして不安になるので、そこから逃げ出すしかないと考えるのです。人生の課題から逃げ出そうとする決心がまずあって、その決心を後押しし、強化するために不安になるのです。どんな課題であれそれに向かう時には多少なりとも不安はつきものでしょうが、その不安があまりに大きくて、課題に挑戦することを最初から断念するほどではありません。

人がひとたび人生の困難から逃げ出す見方を獲得すれば、この見方は不安が付け加わることによって強化され、確かなものになる。実際、何かをしようと企てる時に最初に起こる感情が常に不安であるという人がいる。慣れた状況のいかなる変化も怖れをもたらすのである。（『性格の心理学』九一頁）

人にはそれぞれいわば愛用の感情があります。不安や怖れをもたらす状況の変化は、アドラーによれば次のようなことです。

家を出ようとしたり、同伴者と別れるとか、仕事に就いたり、あるいは、恋に陥る時である。そのような人は、人生や仲間とあまりにもわずかしか結びついていないので、慣れた状況のいかなる変化も怖れをもたらすことになるのである。（『性格の心理学』九一〜二頁）

家を一歩後にすれば予期せぬ出来事に遭遇するかもしれません。外に出られても「同伴者」と一緒であれば、自分では何も考えなくてもただついていけばいいでしょうが、一人になれば、すべてを自分で判断しなければなりません。

仕事に就くことが人を不安にさせるのはわかりますが、「恋に陥る」ことも不安材料になります。愛する人との死別がもっとも強いストレスをもたらすといわれていますが、「恋に陥り」やがて結婚することになるような日々喜びに満ちて生きることを可能にすることですら、環境の変化という意味では同じです。その上、たとえ今どれほど愛されているという実感があっても、将来のことを考えると不安になるという人にとっては不安は強いものになります。

おそらくはすぐに震えたり、そこ〔人生の課題〕から逃げ出すということはないだろう。しかし、彼〔女〕らの足取りは次第にゆっくりとしたものになり、ありとあらゆるいい訳と口実を見つけ出す。（『性格の心理学』九二頁）

課題を前にして足取りが次第にゆっくりとしたものになることを、アドラーは「ためらいの態度」と呼んでいます。

激しい恐怖を覚える場合とは違います。その場合は、ただちに課題から逃げるでしょう。不安は初めは非常に漠然としたものであるに違いありません。

このような人が、しばしば好んで過去や死のことを考える。（『性格の心理学』九二頁）

過去のことを考えるのは、それを今、課題を達成できないための理由にしたいからです。過去に体験したことがトラウマ（心的外傷）になっているから、あれやこれができないというわけです。

死や病気を怖れることが、どんな仕事もしないですませるための口実を見つける人において起こることも稀ではない。（『性格の心理学』九二頁）

他方、不安は未来に関わる感情です。死や病気などが起こるであろう行く手に不安を感じる人が、同時に過去に向かって持つ感情は後悔です。

不安は、その原初的な形においては、一人にさせられるといつも不安の兆候を示す子どもに見られる。しかし、不安を訴えるというので、その子どものところに誰かが行っても、このような子どもの渇望は、決して満たされない。（『性格の心理学』九三頁）

とりわけその不安は、例えば夜に電気が消されることで、外界や好きな人と結びつくことが難しくなる時にはっきりする。その時、不安の叫びが、いわば夜によって引き裂かれた結びつきを回復する。（『性格の心理学』九三頁）

誰かが駆けつけてきても、それで子どもは満足することはありません。子どもの渇望は母親に世話をさせることを目指しているからです。子どもは母親を自分の側にいさせ一緒に遊ぶことを要求します。このようにして、親を支配することが不安の感情を創り出すことの目的です。

なぜなら、不安は、多くの人の場合、彼〔女〕にかかりきりになる誰かがそこにいなければならないという意味に他ならないからである。そこで、誰かがもはや部屋からまったく出ることができない時、すべては彼〔女〕らの不安に屈しなければならない。（『性格の心理学』九四頁）

不安を訴える子どものいうなりになるとたしかに一時的に不安は消えますが、支配関係が危うくなると、即ち、当面の問題（闇がその例です）が解決し、もはや子どもが親に頼るという仕方で親を支配できなくなりそうになれば、子どもはまたもや不安を訴えるのです。不安になるのは子どもだけではありません。

「私は不安に襲われている」。このことが何を意味するのか、もしも不安が他の人を支配するための道具として使われるということを知らなければ、理解できないだろう。もしも子どもたちや大人が不安に襲われているとすれば、その子どもや大人を支える別の人がいることを推測できる。（『個人心理学講義』八二頁）

この「別の人」のことを「相手役」といいます。誰も一人では不安に襲われたりはしないのです。

大人の人生にもこのような現象がある。一人では外出したくない人のケースである。そのような人は街でよく見るタイプである。彼〔女〕らは不安げに固まり、あちらこちらを見て、その場から動かなかったり、あるいは、悪い敵から逃げるかのように通りを走る。その上、時には、このような人に助けにきてほしいと頼まれることがある。このような人は弱い、病気の人ではなく、普段は非常に好調で、他の多くの人よりもずっと健康だが、ちょっとした困難の前に立つと、すぐに不安発作を起こす。そして、家を出るとすぐに、安全でないと感じたり、不安になるまでになるのである。（『性格の心理学』九四頁）

アドラーはしばしば広場恐怖症に言及します。この症状を訴える人は、自分が敵意のある他者からの迫害の標的であると考え、そのため外の世界が怖いので外に出ようとしないということはたしかにあります。

この症状は「私はあまりに遠くまで行ってはいけない。なじみの状況に留まっていなければならない。人生は危険に満ちているので、それを避けなければならない」という確信の表現である。この態度が一貫して保たれる時、人は部屋にこもるか、あるいは、ベッドに入ってそこから出てこないだろう。（『人生の意味の心理学（上）』六八頁）

しかし、外の世界が怖いので外に出ようとしないというのは、普通の、つまり原因論的な説明でしかありません。なぜ外に出ようとしないか、そのことの目的は何かといえば、外に出れば、自分が注目の中心になれないことを知っており、そのような状況に置かれることを回避したいということです。そこでそのように注目の中心になれないような外には出ていかないために、広場恐怖症になるのです。不安という感情を創り出すのも同じです。たとえ親が仕事に就いていても、子どもが不安を訴えれば、子どもを一人で家に置いて出かけることはできなくなるでしょう。

実際には、外では彼〔女〕らが期待するほどの注目をされることはありません。横断歩道を渡っている時、止まっている車の中から見られているのが怖いという人がいました。たしかに横断歩道を渡る人に目を留める人はあるでしょう。しかし、信号が赤から青に変わり車が発進すると、運転者はもはや生涯二度とその人に会うことはないといっても過言ではありません。

先に見たエディプス・コンプレックスも、この広場恐怖症と同種のものだとアドラーはいいます。

いわゆるエディプス・コンプレックスは、実際には、神経症者の「狭い部屋」の特別の例でしかない。（『人生の意味の心理学（上）』六九頁）

「狭い部屋」というのはどういうことか、アドラーは次のように説明しています。

神経症者は、狭い部屋を作り、ドアを閉め、人生を風や日光、新鮮な空気から守られて過ごすのである。(『人生の意味の心理学(上)』六八頁)

こうして、家族の枠より外へ出ていこうとしない子どもたちがエディプス・コンプレックスを持つことになります。

エディプス・コンプレックスの犠牲者は、母親に甘やかされた子どもたちである。そのような子どもたちは、あらゆる願望が法律であり、家庭の境界の外で自立した努力によって、好意と愛を得ることができるということを認識してこなかったのである。(『人生の意味の心理学(上)』七〇頁)

母親が子どもを甘やかしさえしなければ、子どもはエディプス・コンプレックスを持つことはありません。エディプス・コンプレックスを引き起こすのは簡単です。

母親が子どもを甘やかせ、他者に関心を持つことを拒み、父親が比較的、無関心か、あるいは冷たくさえあればいいのである。(『人生の意味の心理学(上)』七〇頁)

母親は自分の他にも仲間がいることを子どもに教えなければならないということは先に見たとおりです。いわば母親が子どもを取り込み、かつ、父親が仕事に忙しく子育てに関心を十分持たなければ、子どもは容易に甘やかされた子どもになってしまいます。家の中にいて母親と共にいる限りは安全ですが、外の世界は怖いところだと思い込むようになり、そのため母親から離れていこうとしないでしょう。

われわれはこのような人の心においては、自分が何らかの敵意のある迫害の標的であるという感覚は決して消えることはないということをすぐに見出すからである。彼〔女〕らは自分が何らかの点で他の人とは違うと思っている。（『性格の心理学』九四頁）

すれ違う人が自分を罵るという人がいました。もちろん、そんなことは普通はありません。不安を訴え親を自分に仕えさせる子どもも、外では望む注目を得られず妄想まで作り出す人も、同じ目標を持っています。そうすることで、外へ出て行けないことを正当化することができるわけです。

病的な現象や不安が高じた時、またもや力と優越という同じ目標が入り込む。（『性格の心理学』九四頁）

人間の不安は、個人を共同体に結びつける連帯によってのみ取り除かれうる。自分が他者に属していることを意識している人だけが、不安なしに人生を生きるだろう。（『性格の心理学』九五頁）

共同体への所属感は、人のもっとも基本的な欲求です。他の人と結びついているという感覚を持つことができれば、不安なしに生きることができます。不安なしに生きることを望むのであれば、怖れることなく人との交わりの中に入っていけばいいのですが、他者を仲間とは思えず、人と関わることを怖れる人は、不安だからといって他者と関わろうとはしません。その不安という感情はそうすることができないことの原因ではなく、自らが創り出していることに気づいてはいません。

他の人と交わろうとするならば、他の人に協力していかなければなりません。ところが、他の人と交わろうとはしない人は不安という感情を創り出し、同時に協力することを困難にする、他の人よりも力を持ちたい、優れたいと思うことで、他の人と結びつくというよりは、対立して生きることを選ぶのです。

協力するためには他の人を仲間と思えるのでなければなりませんが、不安になる時は他の人を敵と見なしています。かくて、他の人を仲間と思えない人は、自分もまたその一員である共同体に結びつこうとはしません。

何度も見てきたように、他の人や共同体に結びつこうとすることをアドラーは共同体感覚という言葉を使って表しますが、共同体感覚を表す原語の一つであるMitmenschlichkeitは人（Menschen）との結びつき（mit、共に）をもっとも端的に表現しています。他の人を仲間だと思って他の人との交わりに飛び込むことは、一種の飛躍が必要ですが、自分が築いた不安という壁を乗り越える勇気を持たなければ前に進むことはできません。幸い、その不安という壁は自分が築いたものですから、自分の意志、決心で壊すことができます。

この壁は非攻撃的な、あるいは消極的な人であれば、不安ですが、攻撃的な、あるいは積極的な人であれば、他の人を打ち負かし、そうすることで優越しようとする力です。実際、アドラーは治療中に患者に殴られた事例をいくつか報告しています。アドラーには、そのような行為の目的がわかっていましたから、反撃するというようなことは決してしませんでした。もしも殴り返そうものなら、他の人は敵であるという見方をいよいよ強化することになりますから、共同体感覚の育成こそ治療であると考えるアドラーにとってはそうすることは反治療的だったわけです。

アドラーが殴られても抵抗しないのを見て、患者は初めて（正確には母親に次いで）この世界に仲間がいることを知ることになります。

臆病

目の前にある課題を特別に困難であると感じ、それを克服するのに必要な力があると信じない人は、臆病という性格特徴を示す。この性格特徴は、通常ゆっくり前進するという形で現れるが、そこでは、人とその人の前にある人生の課題との間の距離は、あまり速やかには縮まらず、その上、時には一定のままに留まることもある。これは、何らかの人生の課題に近づいていたはずの人が、突然、まったく別のところに見出されるというケースである。

例えば、自分が就くはずだった仕事にまったく向いていないことがわかるというようなことである。彼〔女〕はその仕事にあらゆる影の面を見出し、それに就くことが実際に不可能だと見えるまでに論理をねじ曲げる。そこで臆病の表現形式には、ゆっくりした動きの他に、安全を求める措置、準備などがある。これらは同時に、課題をなしとげないことの責任を回避するという目的を持っている。（『性格の心理学』九六頁）

「何らかの人生の課題に近づいていたはずの人が、突然、まったく別のところに見出される」というのは、ある課題に取り組んでいるはずの人が、それとは別の課題を前にして臆病になったということ、この臆病を克服しなければ本来取り組もうとしている課題にも直面できないと、当の課題も含め、人生の課題全般から距離を置く、あるいは、課題を前にして足踏みをするということです。

仕事には適性というものがあり、得手不得手ということがあると信じている人は多いでしょう。しかし、それ以上に、仕事に就かないために、自分が就こうとする、あるいは就くことになった仕事の「影の面」を見出そうとすることがあります。つまり、その仕事の不利な点に焦点を当て、この仕事にはこういう問題があるといってみたり、自分自身の適性の問題を出すことで、この仕事には就くことができないというのです。

実際には、この仕事には就きたくないという決心が最初にあるわけですから、仕事に就きたくない理由はすべて後付けのものでしかありません。

アドラーは先に見たように「誰でも何でもなしとげることができる」と考えているので、仕事の適性というよりは、仕事に就くか就かないかという決心の方を重視するでしょう。どんな仕事も最初は難しいものです。しかし、絶対できない仕事があるとは思いません。仕事の適性というのであれば、他の仕事よりも、自分がこの仕事に一生懸命取り組むことが自分のためだけではなく他者にも有用である場合にのみ、仕事の適性を問題にすることには価値があるということができます。課題に取り組むに当たって安全であることに過剰に注意を払うことが、課題をなしとげるためというよりはそれを回避するための口実になってしまうのです。

ここで指摘される問題は、仕事に適性がないということを人生の課題全般を回避する、少なくともそれに向かうことをためらわせる理由にするところにあります。たとえ仕事に適性がないということが本当だとしても、そのことは他の人生の課題を回避していい理由にはなりません。

臆病が優越コンプレックスとして現れることもあります。この場合、行為は一見臆病とはほど遠く見えますが、実のところ、臆病の表現でしかありません。優越性の目標が人生の有用ではない面で認められると、それは優越コンプレックスであり、劣等コンプレックスの裏返しです。

しばらく前にニューヨークの新聞に、何人かの学校の教師が住む家に押し入った強盗についての記事があった。その強盗は、その教師たちと議論したというのである。強盗は、彼女たちに「あなたたちは、普通の正直な職業にはどんなに面倒なことがあるか知らないのだ。働くより強盗する方がずっとやさしい」といった。この男は、人生の有用でない面へと逃避したのである。しかし、彼はこの道をとることで、ある優越コンプレックスを発達させた。女性〔の教師〕よりも強い、とりわけ、自分は武器を持っているが、彼女たちは持っていないからと感じた。しかし、彼は、自分が臆病であることをわかっていただろうか。われわれは、彼が臆病であることを知っていた。なぜなら、人生の有用でない面に行くことによって、劣等コンプレックスから逃避したと見なすことができるからである。しかし、彼自身は、自分は臆病者ではなくて、英雄だと思っている。（『個人心理学講義』五二頁）

働くより強盗する方がずっとやさしいというこの強盗のいっていることが正しいとして、強盗することによってお金を得ることに成功したとしても、先にも見たように安直な成功はすぐに失われます。地道に働くことはたしかに大変です。一攫千金など夢のまた夢でしょう。しかし、働くことは生活の糧を得るためのものではありますが、それだけのためではないということは、この強盗には思いもよらぬことなのでしょう。

アドラーが同じ例を念頭に置いていっていると思われる次の言葉も注目に値します。

殺人者が武器を手にした時に自分に力があると感じた、と告白したが、自分のことしか眼中になかったのは明らかである。他の人には、ただ武器を所有することが優れた価値を持つとは考えられない。事実、私的な意味はまったくの無意味である。（『人生の意味の心理学（上）』一四頁）

武器を所有すれば自分に力があると思うのは「私的な意味」でしかなく、自分にしか意味がないようなことは無意味といわなければなりません。アドラーは共同体感覚を基礎にするコモンセンスだけが意味がある、と考えたのです。

また、武器を持たなければならないと考えるところに自分が臆病であることをあらわにしています。本当に自分に力があると感じている人であれば、武器を手にする必要があるとは考えないでしょう。彼は自分が実際には臆病であることを自分では気づいていません。

加藤周一が次のような話をエッセイの中で紹介しています。

「一九六〇年代の後半に、アメリカのヴィエトナム征伐に抗議してワシントンへ集まった「ヒッピーズ」が、武装した並列の一列と相対して、地面に座り込んだとき、そのなかの一人の若い女が、片手を伸ばし、眼のまえの無表情な兵士に向かって差しだした一輪の小さな花ほど美しい花は、地上のどこにもなかっただろう。その花は、サン・テックス Saint-Ex の星の王子が愛した小さな薔薇である。また聖書にソロモンの栄華の極みにも匹敵したという野の百合である」（加藤周一『小さな花』）

一方に、史上空前の武力、他方に、無力な女性。一方に、アメリカ帝国の組織と合理的な計算、他方には無名の個人とその感情の自発性。権力対市民。自動小銃対小さな花。

一方が他方を踏みにじることは容易です。しかし、人は小さな花を愛することはできても、帝国を愛することはできません。

アドラーが引いた強盗の例でも、武器を持たざるものの方が強いのです。武器で脅してみても、自らの優越性を相手が受け入れるはずはありません。

犯罪者は、実際には、劣等コンプレックスの例となる。犯罪者は、臆病で愚かである。彼〔女〕らの臆病さと社会的な愚かさは、同じ傾向の二つの部分として相伴うものである。(『個人心理学講義』一三七頁)

犯罪者は、いつもいい訳をし他の人を責める。仕事などをしても何の得にもならないという。自分たちを支持しない社会の残酷さについて話す。あるいは、空腹が〔自分たちを〕支配するので、どうすることもできないという。判決を受けると、いつも「上からの命令でやった」といった子どもも殺しのヒックマンのようないい訳をする。また、別の殺人者は、判決を受けると「私が殺した子どもが何の役に立つのかね。少年なら他にも何百万もいるじゃないか」といった。さらに、多くの価値のある人が飢えている時に、お金をたくさん持った女を殺すことは悪いことではないと主張する「哲学者」もいる。(『個人心理学講義』一三八頁)

ヒックマンは少女を誘拐し、殺害しました。全米を震撼させたヒックマンは十九歳でした。犯罪者は、どうすることもできなかったという理由を持ち出しますが、とうてい正当なものとは認めることができません。社会が貧しく、空腹であったとしても、人を殺していいという理由にはなりません。ここで鉤括弧つきでいわれる哲学者は、ドストエフスキーの『罪と罰』の主人公であるラスコーリニコフです。アドラーは次のように説明しています。

ラスコーリニコフは、二ヶ月の間ベッドに横たわり、殺人を犯すかどうか考える。彼は「私はナポレオンだろうか、それともシラミだろうか」という問いに自分を駆り立てる。現実には、あらゆる犯罪者が、自分が有用な人生を送っていないということを知っており、有用な人生が何を意味しているかも知っている。しかし、彼〔女〕らはそれを臆病から斥ける。そして、臆病であるのは、有用である能力を欠いているからである。人生の課題は、協力を要求するが、彼〔女〕らは協力の訓練を受けてこなかったのである。(『人生の意味の心理学（下）』八〇頁)

このような議論の論理は非常にもろいように見え、実際、その通りである。全体の外観は社会的に有用でない目標によって条件づけられている。ちょうどこのような目標を選択することが、勇気を欠いていることに条件づけられているのと同様である。彼〔女〕らは、常に自分自身を正当化しなければならないが、人生の有用な面での目標は、何らかの説明もいい訳も必要としないのである。
(『個人心理学講義』一三七頁)

臆病な人は犯罪者となって安直な成功を目指します。

われわれは、犯罪者が臆病であることを知っている。彼〔女〕らがわれわれがそのことを知っていることを認識すれば、そのことは彼〔女〕らにとって大きなショックであろう。自分が警察より一枚うわてである、と考えることは、彼〔女〕らの虚栄心を膨らます。そして、しばしば考える。「警察は私を決して捕まえることはないだろう」と。（『人生の意味の心理学（下）』七二頁）

たとえ犯行が発覚しても、今回は失敗したが、次は警察を出し抜こうと思うだけです。犯罪者は、実際には勇気がないにもかかわらず、自分が優れていると思っているだけだということを知り、自分や世界についての見方を変えなければ、同じことが繰り返されることになります。

犯罪者になるような積極的な人でなければ、ただ人生の課題から何らかの理由をあげて逃避しようとします。臆病ではない、勇気のある人は、優越性の目標を人生の有用な面に見出し、その行動には一切いい訳が伴わないことが特徴です。

勇気も臆病も伝染する

勇気と協力は自分自身が勇気があり、協力的な人からだけ学ぶことができる。（*Adler Speaks*, p.35）

伊坂幸太郎は、この二つの言葉を『ＰＫ』の中で引いています。ここでは伝染するものとして勇気と臆病が並んであげられていますが、伊坂は、まず臆病が伝染するということをテーマに書き、最後に、しかし、勇気も伝染すると語られ、伝染という、通常は悪しきものについていわれる言葉が勇気に適用される意外さが心に残ります。病気に最初は一人が罹患し、その人から他の人へと伝染するように、たとえ誰か一人であっても勇気を持てば、その人の勇気は必ず大きな力となって広まっていきます。一人の力は思われている以上に大きなものです。

しかし、もしも臆病に感染すれば、取り返しがつかなくなります。

フランク・パブロフの『茶色の朝』は、突然、「茶色のペット以外は飼ってはいけない」という法律ができるというところから話が始まります。少しずつ街が茶色に染まっていくことを怖いと思いつつも、語り手である主人公は何もしません。ところが、親友が逮捕され、ある日、とうとう自分の家の戸を誰かがノックする……

これくらいならいいだろう、と考えることをやめて変化を受け入れてしまうことの恐怖。

「いやだと言うべきだったんだ。

でも、どうやって？」

政府の動きは速かった。私にはするべき仕事があった。他の人たちも、ごたごたはごめんだからと何もしてなかったではないか……

燃えさかる火事を前にしても絶望してはいけません。ひたすら水をかけるしかないのです。水をかけても火勢を少ししか弱めることはできないかもしれません。それでも、手を拱いて何もしなければ、火勢はもっとひどくなってしまいます。

第六章　その他の性格

快活

彼〔女〕ら（共同体感覚のある人）は快活な性質を持っており、いつも抑圧されて心配そうに歩くわけではなく、いつも他の人を自分自身の心配の対象や担い手にするわけでなく、一緒にいる時に快活さを振りまき、人生を美しくし、生きるに値するものにする。

共同体感覚のある人は、他者を援助し、喜ばせようとする。そのことは彼〔女〕らの外観の全体、笑いからもわかる。（『性格の心理学』一一一頁）

「深い洞察をするドストエフスキーは、手間のかかる心理学的な診察よりも、笑いによって、人をずっとよく認識し理解できる」とアドラーはいっています（一一二頁）。

そのドストエフスキーは、『未成年』の中で、笑いについて、次のように分析しています。

「もし人間を見分けたい、人間の魂を知りたいと思ったら、その当人の沈黙している様子や、しゃべったり、泣いたりしている具合や、あるいはさらに進んで、高潔なる思想に胸を躍らせている状態に注意するよりも、むしろ笑っているところを見たほうがよい。笑い方がよかったら――それはつまり、よい人間なのである」といっています（ドストエフスキー『未成年』）
たしかに笑顔がすてきな人に惹かれる人は多いでしょう。笑いは人と人を結びつけるからです。しかし、アドラーは、笑いは「他人の不幸を喜ぶ気持ちのように、敵対的で攻撃的な基調音も持っている」といいます（『性格の心理学』一一二頁）。アドラーのある患者は、兵役から解放されていたが、途方もない損害や恐ろしい破滅についてのニュースを読むことがどれほど嬉しかったか、と話しました。ニュースを読みながら、思わず笑みがこぼれたかもしれません。

また、まったく笑わないか、強いられてしか笑うことができない人がいます。そのような人は「生きる喜びの見せかけしか示していない」、つまり、笑うことで生きる喜びを感じているように見えるけれども、実際には喜びを感じてはいないということです。

これとは反対のタイプの人もいます。

途方もない重荷を持って人生を歩もうと不断に努力する人がいる。どんなささいな困難も誇張され、将来に対しては悲観的な見方しか持たず、どんな喜べる機会にもカッサンドラの叫びしかあげない。彼〔女〕らはどこからどこまでも、自分に対してだけでなく他者に対しても、悲観的であり、どこか身の回りで喜ばしいことが起こると不安になり、どんな対人関係にも、人生の影の面を持ち込む。彼〔女〕らはそれを言葉で行うだけでなく、行動や要求によって、仲間の喜ばしい人生と発展を妨げるのである。（『性格の心理学』一一三頁）

人生が苦しくないわけはありません。しかし、人生をことさらに苦しいものと見なければならない人がいます。

このような人は、世界を「嘆きの谷」と見ようとし、苦痛の中であれこれ思いをこらします。「嘆きの谷」は『詩篇』に出てくる言葉です。ただし、今の文脈の解釈とは違って『詩篇』では、神によって勇気を出し、心に広い道を見ている人は「嘆きの谷を通る時にも、そこを泉とするだろう」といわれています。生きている限り、嘆きの谷を避けて通ることはできませんが、それをどう見るかは人によって違うということです。

苦しみを泉にすることもできるのに、どんなに喜べる機会にも「カッサンドラの叫び」をあげる人がいます。カッサンドラは、アポロンに愛されて予言の能力を授かりました。しかし、アポロンの求愛を断ったがために、カッサンドラの予言を誰も信じないようにされてしまいました。そのため、トロイアの滅亡を予言しましたが、その予言は無視されました。ここで、「カッサンドラの叫びしかあげない」というのは、不吉なことしかいわないという意味です。

なぜ不吉なことしかいわないのかというと、人生の課題に立ち向かわないためです。しかも、このような人は、他の人にも悲観的な言葉をいいます。自分が不幸であるだけでは気がすまず、他の人まで巻き込んでしまうのです。

未熟さ

非常にしばしば会うのは、発達のある点で止まったままであり、生徒の域を超えられないかのような印象を与える人である。彼〔女〕らは、家の中、生活、社交、仕事の場においていつも生徒のようであり、何かをいえるために合図したい時のように待ち構え、いつも耳をそばだてる。彼〔女〕らは集まりで出される問いに、あたかも誰かを出し抜き、そのことについて何かを知っていることを示し、よい点を期待しているかのように性急に答えようといつも努力している。〔『性格の心理学』一一四頁〕

ここでは未熟さと訳しましたが、文字通りには、すぐ後に出てくるように、「生徒のような」とか「生徒じみた」という意味です。教室であれば、先生の話を聞き、先生からの質問に手を挙げて答えようとすることは大きな問題にはならないかもしれません。

しかし、後年、教室ではなく、人との交わりの中で、対話を楽しむのでもなく、何かについて議論をして共同して考えていこうとするのでもなく、ただ自分が知っているということを他の人に誇示するために、発言するチャンスを「待ち構え、いつも耳をそばだて」ます。

建設的な議論に資するために人の話を聞くというよりは、自分の知識を披瀝するために発言するチャンスを待ち構えているだけですから、そのような人の発言は概して浮いているという印象を否むことはできません。タイミングだけではなく、どう話せば受けるかというようなことを考えているので、たしかに理路整然と話をすることができるかもしれませんが、その時の話において問題とされていることから外れたことを話すことになることもよくあります。

このような人の本質は、生活の一定の形においてだけ確かさを感じ、生徒のスタイルを適用できない状況に入れば、もはや気分がよくないということである。このようなタイプの人も様々なレベルの違いを示す。あまり共感できない場合は、そのような人は、冷淡で、醒め、社交的ではない感じを与えるか、あるいは、すべてを知っているか、すべてを規則と形式に従って区分しようとする学識の深い人を演じたいと思うであろう。（『性格の心理学』一一四～五頁）

「学識の深い人」と思われたらいいでしょうが、このような人は集まりの中で浮いています。世間知らずであり、未熟といわなければなりません。この世に起こるすべてのことを規則と形式に従って区分できるはずはありません。もしも規則と形式によって区分できないような事態が起これば、そのような場合の一つの対処法は、起こっている現実を例外と見なすことですが、例外と見えることが増えても、規則と形式を変えられるだけの柔軟さを持ち合わせていないのです。

原理主義者

原理主義者は、たしかにいつも何か未熟なところを持っているわけではないが、そのことを思い出させるようなタイプの人は、人生の現象を何らかの原理でとらえようとし、どんな状況においても、一つの原理に従って進み、その原理をいつでも正しいと思い、そこから逸れることはない。そして、人生においてすべてが慣れた正しい道を行くのでなければ不快になる。彼（女）らは、大抵は、些事にこだわる人でもある。（『性格の心理学』一一五頁）

ここでいわれる「些事にこだわる」というのは、いつも歩道の端を歩くとか、あるいは、足をかける特定の石を探すというようなこと、また、慣れた道以外はほとんど歩かないというような習慣にも見られますが、規則、形式、原理がなければ前に進んでいけないという生き方そのものを指しています。規則や原理を予め決めておけば、そこから逸脱しない限り、安心して進んでいくことができますが、逸脱のない人生などありえないでしょう。

社会制度が個人のためにあるのであって、個人が社会制度のためにあるのではない。個人の救済は、事実、共同体感覚を持つことにある。しかし、それはプロクルステスがしたように、人をいわば社会というベッドに無理やり寝かせるということを意味していない。（『子どもの教育』三一頁）

プロクルステスは伝説上の盗賊の名前です。プロクルステスは、捕えてきた旅人を自分のベッドに寝かせました。そして、もしも旅人の身体がベッドよりも短ければ無理に引き伸ばし、逆に長ければ、ベッドからはみ出た部分を切り落として殺したといわれています。

原理主義者はこのプロクルステスと同じようなことをしようとします。彼〔女〕らにとって、規則や原理は絶対ですから、現実がそれらによって処理できないようになったとしても、現実の方を例外と見なそうとし、例外（と見なされる事象）を無理に原理に合わせようとしたり、切り捨ててしまうのです。

このようなタイプの人は皆、人生の広大な領域をあまり好まない。彼〔女〕らの性質は、その結果、しばしば途方もない時間の浪費をもたらし、自分もまわりの人も気まずくさせる。新しい状況に入らなければならない瞬間に失敗する。なぜなら、そのことに準備ができていないからであり、規則や魔法の言葉がなければ耐えられない、と信じているからである。（『性格の心理学』一一六頁）

原理主義者は、規則や原理に従うことを優先するので、たとえより有効な方法があっても、新しい方法を採ろうとはしないので、結局は時間を無駄にすることになります。それにもかかわらず、可能な限り、変化を避けようとします。

後に見ますが、子育てや教育の場面で、子どもが大人のいうことを聞かなければ叱ればいいと固く信じている人は多いように思います。しかし、叱ってみても、子どもが行動を改めるわけではないということ、改めるとしても一時的であるということも多くの人が知っています。子どもたちが理想的に従順であれば、子育ては楽なものになるでしょう。

一度叱っても子どもが改心することなく同じようなことが何度も続くのであれば、叱るという方法そのものに改善の余地があると考える方が論理的ですが、叱れば子どもが変わるという希望を捨てることができない人は叱るという方法に固執します。

このような人にとっては、春に移り行くことは、困難をもたらす。もう長い間冬に慣れていたからである。暖かい気候になって外へ出て行くこと、それによって多くなる人との関係が彼〔女〕らを驚かせ、機嫌が悪くなる。春になると決まって不快になる。（『性格の心理学』一一六頁）

長く続く冬の後にようやく春が巡ってくると、心が浮き立ちます。雪を割って咲き初めた花を見つけ、鳥のさえずりを耳にすると、身を縮めて家の中にいた人も外に出てみようと思います。ところが、春の訪れを嬉しく思わない人がいます。長く慣れ親しんだ季節が過ぎ、新しい季節が到来すると、生活を変えることを強いられることになるからです。

暖かくなり外に出ていくと、人と会わないわけにはいきません。日本であれば、学校に入ったり、会社に就職するのは四月ですから、新しく築かなければならない対人関係の煩わしさを思うと、春の到来を無邪気に喜ぶわけにはいきません。

卑屈

卑屈さに満たされていて、実行する命令があるところでのみ、よい気分になる人がいる。そのような人は、身をかがめ、他の人に注意を向けるが、聞いたことを熟考するためではなく、同意し、それを実行するためである。(『性格の心理学』一一七頁)

卑屈な人には自発性がありません。そのような人にとっては、服従することが、「人生の法律」です。アドラーは、この卑屈について論じる時、女性のことを念頭に置いています。

一方で、男性的ということが、価値がある、力がある、勝利するという概念と同一視され、他方で、女性的ということが従順、奉仕、従属という概念と同一視される。この思考方式は、人間の思考に深く錨を下ろしているので、われわれの文化においては、優れたものはすべて男性的な特徴を持っており、他方、価値の劣ったものや忌避されるものはすべて女性的なものと考えられている。(『人間知の心理学』一四三頁)

女性は服従するためにだけあると考え、女性の中にもこの考えの信奉者があるというのです。今日では無論このようなことをあからさまにいう人はないでしょうが、今も、大学を卒業し、仕事にも就いた、次はお嫁さんだな、というようなことを大真面目に考えている男性がいないわけではありません。親の介護も妻の仕事だと考える男性もいます。

他方、女性も服従の精神を強く持っているので、支配欲が強い、あるいは、暴力的な夫を求める女性も時に見られる、とアドラーは指摘しています。暴力的な夫を求める女性がいるとは思えません。支配欲が強い男性を求めているように見える女性がいるというのが正確でしょう。支配的という言葉が適切でなければ、リードすることが男性に求められる資質だと見る人はたしかにいます。どこかへ出かける時も、男性が決め、女性がその決定に従うものだと考え、もしも男性が自分では決めようとしないのであれば、そのような男性に不満を覚える女性はいます。新婚旅行から帰ってきた途端、離婚を決意する女性のことが注目されたことがあります。旅行中にトラブルがあった時、夫がしかるべく対処することができなかったというのがその理由ですが、これから二人が歩んでいく人生においてトラブルが起こらないはずはなく、その時、いつも夫が解決することを妻が期待するのであれば、結婚生活がうまくいかないとしても、夫の方にだけ問題があるとはいえないでしょう。二人で解決していくという発想がないのが不思議でなりません。

アドラーがいうように、一方が支配し、他方が服従するという関係は実際には不可能です。卑屈になり服従している人も、喜んでそのような態度を取っているのではなく、しばしば自分が不幸であると考えているのです。

そのような人で、男性的であることに不利なことは何もない、反対に女性的であることには不利なことばかりあると考える人は、アドラーのいう「男性的抗議」をします。

仕える人と支配する人に区分することを頭から追い出し、完全に対等であると感じることは、今日ではなお困難である。〔しかし〕このような考えを持つということが既に進歩である。この考えは、われわれを助け、重大な誤りから守るのに適している。なぜなら、非常に卑屈になり、常に喜び、誰にもつまらないことに感謝し、絶え間なく自分が世界にいることにいい訳をする人がいるからである。（『性格の心理学』一二〇頁）

「完全に対等であると感じることは、今日ではなお困難である」というアドラーの言葉が、今日なお妥当するというのは悲しむべき現実ではありますが、「このような考えを持つということが既に進歩である」というのは本当です。

ゲーテが次のようにいっています。

「命令する相手も服従する相手もなしに、それだけで何かでいられるような人間だけが、本当に仕合わせな偉大な人間なのだ」（ゲーテ『ゲッツ・フォン・ベルリヒンゲン』）

対等であるということが理屈としてではなく、感覚としても身についているのでなければ、アドラーがいっているすべてのことが無効、それどころが有害なものになるように私は考えています。実際には先にも見たように男女間の対等ですら確立されていませんし、まして子どもは大人からいわれもない差別を受けています。

支配しようとする人の問題もさることながら、たとえ自分を支配しようとする人があっても、そのことをよしとしてはいけませんし、まして進んで卑屈になって服従することがあってはいけません。

「絶え間なく自分が世界にいることにいい訳をする人がいる」というアドラーの言葉を読むと、

太宰治の『二十世紀旗手』のエピグラフに使われている「生れて、すみません」という言葉を思い出します。誰もが何かを達成したからではなく、生まれてきたこと、今ここで生きているということそれ自体で価値があります。いい訳などしなくていいのです。

男性と女性の共生は、男女のどちらも服従することがない仲間関係、労働共同体でなければならない。そのことが、たとえさしあたってはまだ理想であっても、少なくともいつも、人がどれほど文化的に進歩しているか、ないしは、それからどれだけ遠いか、そして誤りがどこで始まったかを知る基準になるだろう。（『性格の心理学』一一九頁）

アドラーが早くから対等な人間関係が重要であることを指摘していたことは驚くべきです。男と女ですら対等だとは考えない人は今もいます。あからさまに対等ではないとはいわないでしょうが、言動からわかります。まして大人と子どもが対等であると考えている人はどれほどいるでしょう。アドラーはこのようにいっています。

一緒に仲良く暮らしたいのであれば、互いを対等の人格として扱わなければならない。（『人はなぜ神経症になるのか』三一頁）

われわれは子どもたちを友人として、対等な人として扱わなければならない。（『子どもの教育』二三〇頁）

アドラーは「さしあたってはまだ理想」であるといっていますが、今はどうでしょうか。現実がどうであれ、アドラーがいう対等という理念が正当であると理解されるのであれば、日々の生活において、対等の関係を実現するべく努力する必要があります。

横柄

先に述べた人とは反対のタイプは、横柄で、常に一番の役割を演じたいと思いたい人である。そのような人にとって人生は「どうすれば私はすべての人よりも優ることができるか」という永遠の闘いでしかない。(『性格の心理学』一二〇〜一頁)

ここで「すべての人に優る」というのは、「すべての人の上に立つ」という意味であり、そのようにしてすべての人を支配するという意味です。これに対して、服従は「自分を下に置く」ということです。

国民が激動の中にある不安な時代にあっては、このような性格の人が現れるが、彼〔女〕らが上層に上がってくるのはそもそも当然である。〔支配にふさわしい〕ふるまい、態度、憧れを、さらに大抵、必要な準備と思慮も持っているからである。(『性格の心理学』一二一頁)

横柄であることは「あまりに敵対的な行動と活動性がなく、人間の共生の規則をあまりに乱さない限り、受け入れられる」とアドラーは考えるのですが、先に見た服従する人がいる限り、横柄な人の行き過ぎには警戒しなければなりません。服従する人は自分たちを支配する人に過剰な評価を与えるからですが、アドラーの表現では、横柄な支配者もまた「深淵の前に立つ人」であって、彼〔女〕らも誤ることがあり、そのために共同体を破滅させることもあるということです。彼〔女〕らと共に共同体が破滅してはかないません。

横柄な人は、他の人から命令されると仕事ができなくなったり、興奮状態になったりします。よくいえば彼〔女〕らはリーダーシップがあるのですが、支配すること自体に価値を見出す人は、指導者の役割を独占しようとします。どんな人もあらゆることについて指導ができるはずはありません。得手不得手もあるでしょう。自分が得意なことについては指導者になってもいいでしょうが、そうでないことについては、他の、自分よりも知識のある人が指導者になるべきなのです。

時には、あるいは分野によっては前に出てはならず、「列に並ぶ」ことが必要です。そうはしないで、横柄な人はいつも前に出ようとするので、極度に緊張し、そのため安らぎを見出すことはできません。

気分屋

人生とその課題への態度があまりに気分に依存しているような人に関しても、心理学がそれを生得的な現象であると考えていれば間違っている。それらはすべて、あまりに野心のある、それゆえ、敏感な性質の人に属していて、人生に満足できない時には、様々な逃げ道を探しているのである。そのような人の敏感さは、前に突き出された触覚のようなものであり、あらかじめ態度を決める前に、それを使って人間の生の状況を探るのである。(『性格の心理学』一二二頁)

気分がころころ変わるという人がいます。実際には、変わるというよりは、変えるというのが正確です。気分が安定しない人でも陽気な時はいいのですが、不機嫌になると、まわりにいる人は腫れ物のように接しなければなりません。もちろん、それを狙って不機嫌になるわけです。

絶えず陽気な気分で、それゆえ見せびらかしたり強調して、人生から明るい面を手に入れようとし、喜びと陽気さの中に人生の必要な基礎を創り出す努力をする人がいる。ここにもあらゆる可能なレベルの違いが見られる。自分の中に絶えず子どもっぽい陽気な態度を現し、子どもっぽい仕方の中にまさに何か心をうきうきさせるものを持ち、課題を回避はしないが、遊びのようにそれに立ち向かって解決しようとする人がいる。おそらく、美しさと共感的な態度においてこのような人に優るタイプはおそらくない。（『性格の心理学』一二二頁）

直面する課題を回避しないのであれば、それに深刻にならずに陽気に遊びのように立ち向かっていけないわけではありません。

しかし、彼〔女〕らの中に、あまりに人生を陽気に理解しすぎ、真剣に受け止めなければならない状況も陽気に扱い、これに伴って、子どもっぽい性質を現す人もいる。この性質は人生の真剣さからかけ離れているので、そこからよい印象を受けない。いつも不確かな感じを受ける。困難なことをあまりに簡単に超えようとするからである。よくあるように、大抵は、この認識に従って困難な課題からは遠ざけられることになる。自分から困難な課題を回避するのであれば話は別だが、彼〔女〕らが本当に困難な課題に取り組むのを見ることはめったにない。（『性格の心理学』一二三頁）

陽気であることも程度問題です。どんな課題も努力することなしには達成できないはずですが、たいしたことはない、大丈夫、というので、まわりは「不確かな感じ」を持つことになります。真剣に課題に取り組んだにもかかわらず失敗するのであればまだしも信頼できますが、あまりに陽気な人が「この認識に従って困難な課題から遠ざけられる」というのは、真剣に課題に取り組んでいないと判断されるという意味です。

それにもかかわらず、われわれはこのタイプにいくつか共感的な言葉をいわずに別れを告げることはできない。なぜなら、このタイプの人は、普通この社会で支配的な多くの不機嫌な人に対して、それでも快感を起こさせ、このタイプの人を、反対に、いつも悲しげで不機嫌であり自分が出会うどんな事柄の暗い面を受け取る人よりも容易に受け入れることができる、といわなければならないからである。（『性格の心理学』一二三頁）

たしかに、陽気な人は悲しげで不機嫌な人よりは受け入れられるでしょう。不機嫌な人が「この社会で支配的で多い」といわれているのは興味深いです。あまりに陽気であることから起こる問題を別とすれば、いつも不機嫌でいなければならないわけではありません。

不運な人

共同体の生の絶対的真理に矛盾する人が、人生のどこかの段階で反撃に会うのは、心理学的に自明である。このような人は、大抵、そこから学ぶことはなく、不幸の全体を不当で彼〔女〕らにつきまとう個人的な不運ととらえる。彼〔女〕らはいつもどんな不運に会うか、どんなこともまったくうまくいかず、自分が着手したことはすべて失敗に終わるということを確認するために全人生を過ごす。時には不気味な力がまさに狙っているかのように、あたかも失敗を自慢する傾向さえ見ることがある。(『性格の心理学』一二三〜四頁)

不運な目に遭わない人はないでしょうが、ある程度はそれを回避することも不可能ではありません。不運な目に遭っても仕方がない、と思っている人は、実際にそのような目に遭うことになり、しかもその際、そのことが自分にとって思いもよらないことではなく、むしろ、思っていた通りのことが起こったと見るのです。そのような人は「自分が着手したことはすべて失敗に終わるということを確認するために全人生を過ごす」わけです。

これは、あたかも不吉な神が自分だけにとりついているかのように行動したり、嵐の日に雷は自分だけを狙っているに違いないとしか思えず、まさに自分のところに泥棒が押し入ると怖れて悩むような人である。要は、このような人は、どんなものであれ、人生の困難に遭うと、いつもあたかも不幸が自分を選び出すかのような印象を持つのである。(『性格の心理学』一二四頁)

他の人ではなく自分だけが常に不運に遭うと見る人は、悲劇の主人公であることが必ずしも嫌ではありません。

このような誇張ができるのは、自分を何らかの仕方で出来事の中心であると見なす人だけであり、

強い虚栄心に満たされているのである。（『性格の心理学』一二四頁）

このような人は、不運な出来事に遭うことで自分を「出来事の中心」であると思えるので、自分がどれほど大変な目に遭ったかをまわりの人に吹聴するでしょう。無論、そのことで致命的な損害を被っていなければ、という条件はつくわけで、自分だけは助かると思っています。

彼〔女〕らの気分はしばしば外面的な行為に表される。憂鬱そうに、いつも少し身をかがめて歩くが、どんなに途方もない重荷を担っているかを見過ごされないためであるかのようである。はからずも一生涯重い荷物を担わなければならないカリアティードを思い出させる。彼〔女〕らはすべてを過剰に深刻に受け止め、悲観的なまなざしで判断する。このような気分でいるので、何かに着手してもいつもすぐにどこかうまくいかないこと、自分自身の人生のみならず、他者の人生をも苦いものにする不運な人であることの説明がつく。そして、ここにも背後にあるのは、虚栄心に他ならない。（『性格の心理学』一二四〜五頁）

カリアティードは、古代ギリシア建築の梁を支える女神像のことです。不運のせいで人生がうまくいかない、といっている限り、このような人は、課題に取り組むために必要な努力をしようとはしないでしょう。

ある日、タクシーの運転手さんが私にこんな話をしました。

「お客さんを乗せていてこんなことをいうのもなんですが、お客さんを乗せてしまったら、後は目的地まで安全に運転すればいいわけで、この時間は〈仕事〉をしているわけではないのです。では、いつが私にとって〈仕事〉かといえば、お客さんを降ろして、次のお客さんが乗る時まで。その時ただ漫然と車を走らせていてはいけないのです。どこでいつお客さんをひろえるか情報を集めるのです。こんなふうに考えて十年間車に乗ると、その後の十年が変わってきます。「〈客が少なくて〉今日は運が悪かった」といっているようではこの仕事はやってはいけないのです」

反対に人生が順風満帆に進み、不運な出来事にも遭わずにすんだ人、その意味では幸運な人が、幸運であったばかりに、人生に挫折することもあります。

運命が定まっていると感じるのは、人生に何か恐ろしいことが起こったが、傷つかず助かった人である。例えば、大きな事故に巻き込まれたが、死ななかったというような人である。その結果、自分が何かより高い目的へと運命づけられていると感じる。ある人は、このように感じていたのであるが、期待とは違った結果に終わった経験をしてからというもの、勇気をくじかれ、うつ状態になってしまった。(『個人心理学講義』八七頁)

この場合、高い目的へと運命づけられていると思っている人が、対人関係で挫折するということがあるとすれば、幸運であろうが、不運であろうが、その人の生き方そのものに問題があったと考えられます。

アドラーが例としてあげている人は、ある時、ウィーンの劇場に行こうとしていたのですが、その前に別のところへ行かなければならないことになりました。ようやく劇場に着くと、劇場は焼け落ちてしまっていました。このため、自分は高い目的へと運命づけられていると感じ、万事はうまく行っていましたが、妻との関係が破綻すると挫折してしまいました。

運命論は、多くの点で、有用な線に沿って活動しようと努め、そのような活動を築きあげるという課題からの臆病な逃避である。この理由から、運命論は、偽りの支えであることがわかる。

（『個人心理学講義』八七頁）

不運な人も幸運な人もどちらも、自分ではどうすることもできない出来事によって自分の幸不幸が決まると考えています。自分の行く手を遮る出来事に遭わないということはありませんが、何が起ころうとその出来事が人を幸福にしたり、不幸にするわけではないのです。

第七章　情　動

性格の亢進としての情動

ライフスタイルが外に表れた形が「性格」です。怒りや悲しみなどの「情動」はこの性格が亢進したものである、とアドラーは説明します。

それは精神器官の時間的に制限された運動形態で、意識的、あるいは、無意識的な強迫の圧力のもとで、突然の爆発のように現れる。そして性格特徴のように目標と方向を持っている。情動は決して謎めいた理解できない現象ではない。それは常に意味を持っているところ、人の生活方式、ガイドラインに対応するところに現れる。それはまた人間の状況を自分の都合によいように変えるために変化をもたらすという目的を持っている。自分の意志を押し通す他の可能性を断念したか、より正確にいえば、そうするための他の可能性があることを信じていないか、あるいは、もはや信じない人だけが獲得することができる強化された動きである。（『性格の心理学』一二七頁）

「情動は決して謎めいた理解できない現象ではない」というのは、怒りを例として説明すると、子どもをきつく叱りつけた後で、ついカッとして怒ったというような人がいます。そのような人は自分がなぜあれほど怒ったかわからないといいますが、わからないはずはないという意味です。自分では怒るつもりではなかったのに、怒ったのであれば、その怒りは「謎めいた理解できない現象」といわなければなりませんが、実際には「人間の状況を自分の都合によいように変えるために変化をもたらすという目的」があって、それを実現するために怒りという情動を創り出しているのです。ただし、その目的は多くの場合、意識されてはおらず、また、自分がそのような目的をもって怒っているとは考えたくない人は多いでしょう。むしろ、「強迫の圧力のもとで、突然の爆発のように現れる」と見た方が、怒ったことの責任を免れることができて都合がよいのです。

怒りには即効性があります。怖いので相手はいうことを聞いてしまいます。しかし、怒りの副作用は大きいといわなければなりません。この点については後述します。アドラーはここで「自分の意志を押し通す他の可能性」といっていますが、「押し通す」方法はありません。自分の意志が快く受け入れられなくては意味がありません。そのための方法ならあります。

なぜ、怒りという情動が使われるのでしょうか、アドラーは次のように説明します。

それゆえ、情動の一つの面は、ここでも劣等感、不足感である。それは、それを持っている人に、あらゆる力を結集し常よりも大きな動きをすることを強いる。懸命の努力をすれば、自分自身が前面に置かれ、勝利を収めることになる。例えば、敵がいなければ怒りがないように、この情動は敵に対して勝利を収めることだけを目標として持っている。われわれの文化においては、このような大きな動きによって自分を押し通すことは、好まれ、なお可能な方法である。このような方法で自分を押し通す可能性がなければ、怒りの爆発はずっと少ないだろう。(『性格の心理学』一二七頁)

怒りによって自分を押し通そうとする人は、相手を「敵」と見ているわけです。怒りを爆発させれば、まわりの人は怖れをなしてその人のいうことを聞くでしょうし、怒りを爆発させる人から見れば、「勝利を収める」ことになります。

しかし、これが本当に勝利なのかはわかりません。その方法では、自分を「押し通す」ことしかできません。納得してある行為をする、あるいはやめるわけではありませんし、気持ちよく引き受けてもらうのでなければ、怒りは強制であっても、勝利とはいえませんし、そもそも何かを要求しそれを相手が受け入れるという関係は、勝利(敗北)とは何の関係もないでしょう。

そこで、われわれはしばしば、優越性の目標を達成することに自信がなく、安心できない人が、この目標を放棄せず、もっと力を入れ、情動の力を借りることで、この目的に近づこうとするのを見る。それは劣等感を持った人が、不可避の動きに捉えられた人のように、自分の力を結集し、粗野で文明化されていない民族の仕方で、現実の権利、あるいは、権利と考えられたものを求め、認められようと努める方法である。(『性格の心理学』一二八頁)

自分の意志を相手に告げること自体には問題はありません。ただし、それを相手が聞いてくれるかは別問題です。怒りの情動を借りる人は劣等感を持った人であるというのは、自分の主張が合理的なものではないことを知っており、言葉で説明しても相手に理解してもらえないと考え、自分の主張に自信を持っていないということです。理に適ったことであれば、言葉で説明すれば大抵のことは受け入れてもらえるはずです。そのように思える時には劣等感とは無縁です。

受け入れてもらえるという自信がない人だけが、「自分を押し通す」ことを試み、その際、怒りの情動の力を借りるしかない、と考えるのです。

怒り

人の力の追求、支配欲をまさに象徴化する情動は、怒りである。この表現形態は、怒る人が直面するあらゆる抵抗を迅速に力ずくで打ち負かすという目的をはっきりと示している。これまでの知識に基づいて、われわれは怒る人の中に、力を振り絞って優越性を求め努力する人を見る。認められようとする努力は、時に、権力への陶酔感に変わるが、この種の人が、自分に力があるという感覚が少しでも侵害されると、怒りの爆発で応えることも容易に説明がつく。彼〔女〕らはこのような、おそらくは、既にしばしば試してきた方法で、もっとも容易に他者の支配者になることができ、自分の意志を貫徹できる、と感じている。これは決して程度の高い方法ではないが、大抵の場合、うまくいくのである。そして、多くの人は、困難な状況で怒りを爆発させることで、再び自分が認められたことを思い出すだろう。（『性格の心理学』一二九頁）

ここでは怒りは、力の追求、支配欲を象徴化する情動であるとされています。ここまでは、既にいわれたことと表現は違いますが、同じことがいわれています。しかし、先のところでは、自分の意志を通すために怒りの力を借りると説明されていましたが、ここの説明を読むと、自分が認められることに力点が置かれています。

われわれは、はっきりと、そして強く前面に現れる情動性、怒りが習慣的になっている人のことを考えているのである。そのことから、まさにシステムを作っている人、他の方法をまったく持っていないことで目を引く人がいる。そのような人は、横柄で非常に敏感であり、誰かが自分と並ぶことも、自分の上にいることにも我慢ができず、自分が優越しているという感覚を常に必要とし、それゆえ、またいつも誰かが自分に何らかの仕方であまりに近づきすぎないか、自分が十分高く評価されているかどうかを窺っている。通常、それには極端な不信感が結びつき、誰をも信頼しない。
(『性格の心理学』一二九〜三〇頁)

自分が優れていると思っていないからこそ、他の人が自分と並ぶことにも、自分の上にいることにも我慢がならないのです。だからこそ、他の人の上に立ち、他の人を支配しようとすることは、個人的な優越性の追求でしかありません。そのような意味での優越性を追求するために、怒りという情動を創り出すのです。

アドラーは「どんな力の追求も、無力感や劣等感に基づいている」といいます。普通にしていてもいいのに、普通にしていれば認めてもらえないと思う人は、ことさらに自分をよく見せるために、ただ他の人との競争に勝ち、共同体への貢献とは無関係なところで優越性を追求します。

自分の力の程度に安住している人は、このような攻撃的な動きや容赦のないやり方にまで達することはありえない。この関連は見落としてはならない。まさに怒りの爆発において、無力感から優越性の目標への高まりの全体が、とりわけ明瞭に現れるのである。自尊感情を他者を犠牲にして高めるのは安価な手管である。(『性格の心理学』一三一頁)

本当に自分に力があり、優れていると思っている人は、怒りを用いて自尊感情を高める必要を感じないのです。

彼〔女〕らにはまた別の、われわれが先に境を接すると特徴づけた性格特徴も見られる。より困難な状況においては、このような非常に野心的な人が、どんな真剣な課題からも尻込みし、社会に適応することが困難であるということが起こる。しかし、彼〔女〕に対して何かが拒まれると、ただ一つの方法しか知らない。即ち、近くにいる人が、通常非常に苦痛になる形で、大声で怒鳴り散らすのである。例えば、鏡を割り、高価なものを壊す。しかし、後になって、したことを覚えていないと真剣にいい訳をしようとしても、誰も信じない。まわりの人に当たろうとしている意図があまりに明白だからである。この情動の中にあっても、絶えず何か価値あるものを保持するだろうが、重要でないものはそうしないだろうからである。だから、このような事象には計画がある、とわれわれは見る。(『性格の心理学』一三〇頁)

「境を接すると特徴づけた性格特徴」というのは、先に、情動は性格特徴と名づけた現象が亢進したものである、といわれたことを指しています。自分が拒まれるという仕方で、他の人に認められないと、ただそのことにこだわり、課題を達成することは二の次、三の次になります。

怒りの最中にあっても、完全にわれを忘れるということはありません。自分にとって大切なものは破壊しないからです。

怒りの爆発を並外れて容易にする要素の中で、特にアルコールをあげなければならない。多くの人は、しばしば、わずかな量だけで十分である。アルコールの作用は、まずもって、社会的抑制を弱めるか、あるいは、なくすことにあることはよく知られている。アルコールで毒された人は、あたかも教養に与っていないかのようにふるまう。自制や他者への配慮を失う。そして、アルコールを飲んでいない時には、なお注意して抑え、隠せるもの、即ち、仲間に対する敵意が、酔えば抑制されずにあらわになるのである。人生と調和していない人がまさにアルコールに手を出すのは、偶然ではない。そこに一種の慰めと忘却を求めるが、達成したかったができなかったことの口実も常に求めているのである。(『性格の心理学』一三一〜二頁)

達成したくてもできないことの理由として飲酒を持ち出す人がいます。お酒さえ飲まなかったら、といえるからです。そのようなライフスタイルこそ改善する必要があり、ただ断酒をするだけでは、たとえ治療のために入院しその間断酒していても、退院したその日のうちにまたアルコールを飲むということが起こりえます。

飲酒には他にも目的があります。酔って人に暴力を振るう人は、そのことをアルコールのせいにするでしょうが、「社会的抑制」を弱め、「仲間に対する敵意」を抑制しないためにアルコールを飲むと考える方が、起こっていることをよく理解できます。

また、酔いの中でしか本音を話せない人、酔いに任せて上司など年長者に暴言を吐く人がいます。彼〔女〕らは酔いが醒めると、何も覚えていないといいます。覚えていたら困るからですが、アルコールの力を借りないと生きていけない人は、まわりから信頼されることはないでしょう。

暴力行為は時に罵倒と並んで、怒りの爆発の内容を形作るが、怒っている人を害するところまで進む。このことから自殺を理解することができる。自殺には、家族やその他のまわりの人に苦痛を加え、そのようにして、自分が受けた侮辱に復讐する努力である。（『性格の心理学』一三二頁）

怒りの情動を創り出し、他の人に自分のいうことを聞かせようとしているうちは、他者と権力争いをしています。ところが、それがうまくいかず、権力争いに負けるようなことがあると、次の段階、即ち、復讐に進みます。権力争いにあるうちは怒りを向けられた人も怒りを感じますが、ここでいわれているように、権力争いに負けた人が自殺するというようなことがあれば、自殺された人は、そのことで怒りを感じるというよりは、苦痛を感じることになります。自殺はまわりの人への復讐です。

自殺することには、もう一点、人生の課題から逃れるという目的があります。

困難を前にした時の退却のもっとも徹底的な表現は、自殺である。ここでは、人生のあらゆる問題に直面して、人はあきらめ、事態を改善するためにできることは何もないという確信を表現する。自殺のケースにある優越性の追求は、自殺が、常に非難あるいは復讐であることがわかれば理解できる。自殺は、常にその死の責任を誰か別の人のドアのところに置く。あたかも、次のようにいっているかのようである。「私は世界中でもっとも傷つきやすい、感受性の強い人間だ。それなのに、あなたは私を最大の無慈悲をもって扱った」（『人生の意味の心理学（上）』六八頁）

怒りの爆発がかなり正当化されうる場合がある。このような場合については、ここでは問題にしていない。（『性格の心理学』一二九頁）

アドラーが何を念頭に置いて怒りの爆発が正当化される場合があるといっているかはわからないのですが、私はこれを読んで福島の原発事故のことを思いました。事故の後、政府の発表を信じなければならない、東電は事故の収束に努めているのだから、応援こそすれ、批判してはいけない、という人がいました。やがて政府が隠蔽した事実が明らかになるにつれ、多くの人の見方は変わってきましたが、怒ってもしかるべき場面で、怒りをあらわにしないということは現状を認めることになります。沈黙から帰結する責任が結局は、自分に巡ってくるのです。

悲しみ

悲しみという情動は、何かが奪われたり失われた時、そのことを慰めることが容易でない時に生じる。悲しみも、よりよい状況を作り出すために、不快感、無力感を取り除くというきざしを内に秘めている。悲しみは、この観点では、怒りの爆発と同じような価値を持つ。ただし、悲しみは、別のきっかけがあって生じ、別の態度と方法を持っている。

しかし、ここでも〔怒りの場合と〕同じ優越性への線が見られる。怒りにおいては、動きは他者に対して向けられ、怒る人には速やかに高められたという感覚を、相手には敗北〔感〕をもたらすのに対し、悲しみにおいては、まず精神の範囲を狭めるが、悲しむ人は高められた感情と満足感を得ようと努めることで、必然的に、かつ短期に、同様にそれを拡張する。しかし、これは本来的には爆発に他ならない。即ち、たとえ違った仕方であっても、またもや、まわりの人に向けられた動きなのである。なぜなら、悲しんでいる人は、元来、告発者であって、そのことで、まわりの人と対立するからである。悲しみも、当然、人間の本性として自然なものであるが、過度に誇張されると、まわりの人に対する何か敵対的なもの、有害なものを含んでいる。（『性格の心理学』一三二～三頁）

悲しみは何かが奪われたり失われたりする時に生じるものですが、それが怒りと同じく「優越性への線」が見られるとアドラーが指摘していることは注目に値します。他の情動と同じく悲しみも他者との関係の中で起こり、他者に向けられるものです。悲しみは人間の本性として自然なものであると認める一方で、他者を非難するものです。それが「告発者」であるということの意味です。

悲しんでいる人にとって、高められたという感覚は、まわりの人の態度によって与えられる。悲しむ人が、誰かが奉仕し、同情し、支え、何かを与えたり、話しかけることなどによって、しばしば楽になることは知られている。泣いたり嘆くという爆発によってまわりの人に対する攻撃を始め、悲しむ人は告発者、裁判官、批判者となって、まわりの人よりも自分が高くなったと感じられる。要求、懇願という特徴がはっきりと見られる。（『性格の心理学』一三三頁）

悲しむことが、あなたは私をこれほどまでに悲しませたという非難であったり、こんなに悲しんでいるのだから、これ以上私を責めないでという意志表明であるということもあるでしょう。

たとえ、まわりの人が悲しんでいる人から非難されたとは感じないとしても、その人を放っておけない、と思い、「奉仕」しなければならないと感じるのであれば、悲しむ人は悲しみによって優越感を持つことになります。まわりの人は腫れ物に触るように接することを強いられます。

泣くという武器を使って他の人をほろりとさせることに成功する。水（涙）の力！（『教育困難な子どもたち』一三九頁）

アドラーは、しばしば涙を「水の力」と呼びます。怒っている人には、自分が正しいと反駁することもできますが、泣かれるとどうにもこうにも居心地の悪い思いをするものです。

勇気をくじかれ、泣くことで、もっとも自分の思う通りのことができると思う子どもは泣き虫になるだろう。泣き虫の子どもは、大人になれば、そのままうつ病患者になる、涙と不平——私はそれを「水の力」と呼んできた——は、協力をかき乱し、他者を従属させるための極度に効果的な武器である。（『人生の意味の心理学（上）』六九頁）

涙は、こうしてかなり強力な武器になりえます。

悲しみは、他者にとって強制的で反駁できない議論、それに対して屈しなければならない議論のようである。

したがって、この情動も、下から上に向かう線を示し、安定を失わず、無力で弱いという感覚を取り除くという目的を持っている。(『性格の心理学』一三三～四頁)

非常に屈折していますが、悲しみの情動によって、優越感を持てるようになるわけです。

共同体感覚を表現することは、大抵、情動を鎮めることができる。しかし、他者の共同体感覚を自分に向けることを大いに求めるので、例えば、悲しみの段階から出たくない人がいる。なぜなら、多くの人が友情や同情を示すので、自尊感情が並外れて高められることを体験するからである。(『性格の心理学』一三四頁)

怒りも悲しみも、共同体感覚を表現すれば、即ち、他者に関心を持ち、他者に向けられた行動をすれば鎮めることができます。しかし、怒ったり悲しんだりする人は、そうすることで、まわりの人が放っておくことができず、注意、関心を自分に向け、何とかしようとすることを学んでしまうので、いつまでもその状態から脱却しようとはしないのです。

〔しかし〕怒りと悲しみは、われわれの同情を様々な程度で引き起こすけれども、人と人を引き離す情動である。人を結びつかせず、共同体感覚を傷つけることによって、対立を呼び起こすのである。悲しみは、無論、そのさらなる経過において、結びつきを呼び起こすが、しかし、両者が共同体感覚に関与するという正常な仕方ではなく、まわりの人をもっぱら与える役割に固定すること

になる。(『性格の心理学』一三五頁)

怒りが「人と人とを引き離す情動」(trennender Affekt, disjunctive feeling)であることは明らかでしょう。誰も自分に怒りを向ける人を好きにはなれず、怒る人との距離を感じることになります。育児や教育において怒りを用いることの問題は、怒りの情動によって対人関係の距離を広げておいた上で、他者を何とかしようとすることです。他者を援助しようという思いがあっても、人を援助しようとするのであれば、相手との距離が近くなければなりません。関係が遠く感じられれば、どのような働きかけも無効です。それなのに、怒ることで距離を遠くしておいてから援助しようとするのは無理な話です。

悲しみは、先に見たように、まわりの人を放っておけなくするので、たしかにその意味では人と人とを結びつけますが、悲しむ人は自分からはまわりの人に与えることはなく、ただ与えられるだけなので、その結びつきは正常なものとはいえません。両者が互いに相手に貢献する、つまり、相手から与えられるだけでなく、自分も相手に与えるということによってのみ真の結びつきは可能になります。

嫌悪

人と人を引き離すものは、十分に形作られていないが、嫌悪の情動にも見出される。嫌悪は、身体的には、胃壁が一定の仕方で刺激される時に起こる。しかし、同様に、精神の領域からも何かを吐き出そうとする動き、努力がある。ここに、この情動の人と人を引き離す要素がある。次のような現象が確証を与える。身を逸らすふるまいである。しかめっつらは、まわりの人の断罪や、拒否の態度を示すことで〔問題を〕処理することを意味する。

この情動は、誤用された仕方で、事情によっては、嘔吐感を呼び起こすことによって、不快な状況から逃れるために利用される。嫌悪は、おそらく他のすべての情動とは反対に、とりわけ容易に恣意的に呼び起こされる。特別の訓練によって、このようにして、周囲の人から解放されたり、あるいは、攻撃をすることが困難ではなくなるまでになる。（『性格の心理学』一三六頁）

何かの理由があって人を嫌悪するというのではありません。むしろ、人や状況から逃れるために嫌悪という情動を創り出すというのが本当です。しかも、嫌悪は恣意的に呼び起こされるといわれている点が注目に値します。何か人を嫌悪する理由があって、それによって自然に（といいたい人はあるでしょう）人を嫌悪するというのではなく、人を嫌悪する時には、他の情動も同じですが、とりわけ嫌悪するという意志的な決断がされるわけです。

不安

不安（怖れ）は、人間の生において重要な意味を持っている。この情動は、それが人と人を引き離す情動であるだけでなく、悲しみの場合のように、その結果、他者と独自に結びつくようにするということによって複雑になる。（『性格の心理学』一三六頁）

問題は、この他者との結びつきが、共同体感覚にもとづかないことがあるということです。

誰かを自分の人生のための支えとして求める人が常に問題である。他者がただ不安な人を支えるためにだけいるかのようでも、実際には、そのことは、支配的関係を確立する試みに他ならない。(『性格の心理学』一三八頁)

もちろん、このような人が自立するはずはありません。この不安が人間が自然界の中にあって弱い存在であるということに根ざす根源的なものに由来するのは本当です。子どもは一人では生きてはいけず、大人が子どもを援助しなければなりません。

子どもは、その安全でない状態から抜け出そうと努力する時に、失敗し、悲観的な人生観を持つという危険が常にある。その際、まわりの人の援助や配慮を当てにする性格特徴が発達する。(『性格の心理学』一三七頁)

しかし、すべての人がこのようになるわけではありません。

子どもは、不安になって状況から逃げるが、他の人のところへと走っていく。しかし、不安のメカニズムは、まわりの人への優越性を直接表現するのではなく、見たところ最初は、敗北の表現になる。ここでは態度は、小さく見せることである。ここからこの情動の人と結びつける面が始まるが、それは同時に優越性の要求を自らの内に秘めている。不安な人は、他の〔人の〕状況という避難所に逃れ、このような仕方で、再び危険に太刀打ちし、勝利を収めるために自分を強めようとする。(『性格の心理学』一三六〜七頁)

不安は悲しみと同様、他の人の注目を引き、他者を自分に仕えさせようとする目的で創り出されます。しかし、このような不安を建設的に克服することもできます。アドラー自身の早期回想を思い出します。

私には私の人生と緊密に結びついた空想上の早期回想がある。私は三十五歳になるまでこの回想を胸の内にしまっていた。私はこの回想を誇りにしていたのである。国民小学校に入った時、私は五歳だった。その学校は、ディースターベーグ小路のペンティングにあった。私の早期回想は、私と級友は毎日墓地を通って学校へ行かなければならなかったというものである。私はこの墓地を通っていく時に気持ちよくなかったし、いつも胸が締めつけられるような思いだった。ところが私の級友たちは楽しそうに通って行ったのである。

私は墓地を超えて行くことを大きな重荷に感じていた。このような不安から自分を解放しようと私は決心した。そこで次に級友と一緒に墓地に着いた時、私は級友たちから遅れて鞄を墓地の柵にかけ、一人で歩いて行って、墓地を最初は急いで、それからゆっくり行ったりきたりして、ついに恐怖をすっかり克服したと感じられるようになった。（『教育困難な子どもたち』六八～九頁）

アドラーは、この回想を三十五歳になるまで胸の内にしまっておきましたが、その年、一年生の時に同級生だった人と出会い、子どもの頃の記憶について話し合ったところ、アドラーが記憶していた墓場はなかったことが判明したのでした。

私はこの記憶の全体を空想していただけなのである。これは訓練することでいかに困難を克服しようとするかという子どもの勇気を示すものである。私のこの記憶は無駄なものではなかった。それは私の心の訓練になった。現実においても、あまり不安になることなく、死の問題に対してしっかりした気持ちでいるのに役立った。(『教育困難な子どもたち』六九頁)

喜び

われわれは、喜びの情動において、はっきりと〔他者との〕結びつきを見る。それは孤立を許さない。それの表現、つまり、他者を求めること、抱擁などにおいて、協力すること、分かち合うこと、共に楽しむという傾向が示される。その態度も人と結びつけるものであり、いわば手をさしのべること、他者へと向けられ他者をも同じように高める暖かさである。結びつきへのあらゆる要素がこの情動の中にある。(『性格の心理学』一三九頁)

喜びは、怒りとは反対に、人と人を結びつける情動(verbinder Affekt, conjunctive feeling)です。

喜びは困難を克服するための正しい表現である。そして、笑いは、喜びと手を取って人を解放し、いわば、この情動の要石となるものである。それは自分の人格を超え、他者との共感を求める。(『性格の心理学』一三九頁)

このアドラーの描写はすぐに理解できるでしょう。オリンピックの中継を見た人たちが自国の選手がよい成績を収めた時、文字通り、手に手を取り合って喜びます。その時、その場にいる人が喜びを共有するのです。
　しかし、この情動が誤用されることがあります。

　頻繁にある誤用は、とりわけ他者の不幸を喜ぶ気持ちである。これは不適切な場所に現れ、共同体感覚を否定し傷つける喜びである。それは既に人と人を離す情動であり、それによって、他者に対する優越性を求めるものである。（『性格の心理学』一三九頁）

同情

同情は共同体感覚に対するもっとも純粋な表現である。それが人にあるのを見れば、一般にその人の共同体感覚について安心できる。なぜなら、この情動においては、人がどれほど仲間の状態に感情移入できるかが示されているからである。（『性格の心理学』一四〇頁）

　共同体感覚がない人は他者のことを考えませんから、他者に感情移入することもありません。しかし、同情、あるいは感情移入できる人が共同体感覚があるかといえばそういうわけではありません。

　この情動そのものよりも、それの誤用が広く見られる。それは、自分がとりわけ強い共同体感覚を持っている人であることを証明すること、したがって、誇張することにある。それは不幸に際して常に出しゃばる人であるが、何かをするわけではない。このような仕方で、安直に公の名誉を得るために、自分の名前が報じられることだけを願う。あるいは、本当に他者の不幸を喜んで飛び回り、そうすることをやめられない人である。このように熱心に善行をする人は、その活動によって、まず第一に、貧しい人や哀れな人に優越しているという解放的な感覚を創り出すのである。(『性格の心理学』一四〇頁)

日本語の「同情」には、常にここで指摘されるような胡散臭さがつきまといます。不幸な人よりも自分が優位にあるという感覚を持ちたい人が不幸な人を同情します。

悲劇を見る時に喜びを感じることが、誤ってこの現象に帰されることがある。あたかも人間は〔舞台上の登場人物よりも〕優れていると感じるかのようにいわれてきた。しかし、大抵の人にはこれは当てはまらないだろう。なぜなら、悲劇の中の出来事へのわれわれの関心は、大抵、われわれが自分を知ること、自分で学ぶことを願うことに由来するからである。これは劇にすぎないという思いはわれわれを去ることはなく、われわれはそこから人生に対する準備が促進されることを期待するのである。(『性格の心理学』一四〇~一頁)

同情はいつも優越感が基礎にあるわけではないわけです。たしかに、ここでいわれるような劇を見ること、今日であれば、本を読んだり、テレビドラマを見ることによって自分自身を知ることができ、そのことが人生への準備になるということはあるでしょう。

この連関で裁判員制度のことについて言及しなければなりません。裁判官を務めた人が「勉強になりました」というのは間違いです。アドラーがいっているケースとは違って、裁判官は人を裁くわけですから、人の運命に影響を与え、場合によっては、人の生命を奪うような裁判に関わった人が、「勉強になりました」とはひどい話です。

羞恥心

人と人を離すと共に結びつける情動は、羞恥心である。それもまた共同体感覚が作り出したものであり、そのようなものとして、人間の精神生活からなくなることはない。人間の共同体は、この情動なしには不可能だろう。(『性格の心理学』一四一頁)

人と人を離すものとしての羞恥心についてはすぐ後に見ますが、ここでアドラーが羞恥心が人と人を結びつけるといっているのは、この情動が他者を前提としているからです。誰かに行動を見られていると思うからこそ、恥ずかしいという気持ちが生じるわけで、他者のことがまったく眼中にない人は、恥ずかしいと感じることはないでしょう。

誰かに見られていると思ってふと顔を上げたら、人ではなくてマネキンだったことがわかったとします。その時、ほっとするでしょうが、人に見られたのであれば、なぜ恥ずかしいのでしょう。相手も自分と同じように感じ、思う人であるからです。つまり、自分が他者にとっての他者であるからです。

〔羞恥心の〕外的な態度は、まわりの人から離れることであり、むしろ、逃避の意志表示である不機嫌と結びついた退却の身振りである。顔を背けること、目を伏せることは、逃避の動きであり、

この情動における人と人を引き離すものをわれわれにはっきりと示す。（『性格の心理学』一四一頁）

目が合うというのは、人との結びつきを示す重要なサインです。ところが、羞恥心のある人は、人と目を合わせられません。目を伏せずに、顔を上げ、相手の目をしっかりと見れば、思いもよらない展開が待っているかもしれないのに、最初から対人関係に入ることを避けているのです。対人関係を避けるために、羞恥心を作り、身体的には、アドラーの説明によれば「毛細血管の拡張」「充血」が起こり、顔を赤らめるのです。

ここで再び誤用が始まる。目立って容易に赤くなる人がいる。そのような人は、普段も、仲間への関係の中で、結びつけるものよりも引き離すものをより鋭く強調するのである。赤くなるのは、社会から退くための手段である。（『性格の心理学』一四二頁）

赤面症なので男の人にもてないと信じ込んでいた人がいました。本当は、顔を赤らめる女性を気に入る男性もいるはずなのに、顔が赤くなり、上手に話せないので、男の人と付き合うことができないというのです。実際には、何もわけもなく、あるいは、自分には何も魅力がないのでもてないと思いたくないので、もてないことを納得するための理由が必要だったわけです。

実際にどうかはともかく、羞恥心、及び、それの外的な表現を理由にして、人との関わりを避けたいと思っているわけです。アドラーはこのようにもいっています。

大人の顔を真っ直ぐ見られない子どもが不信感を持っているということはよく知られている。このような子どもたちは悪意があるというわけではなく、性的に悪い習慣があるというわけでもない。日を逸らすことは、瞬間的であっても、自分を他の人に結びつけることを避けようとしていることを示している。仲間の社会から逃げだそうとしているのである。（『子どもの教育』七一頁）

第八章　家族布置

きょうだい順位

様々な性格についてアドラーが語っていることを見てきましたが、最後にきょうだい順位のいずれに生まれたかによって影響を受けることで、人がどんな性格になることになるか見ておきましょう。

あわせて、もう一度、タイプについてアドラーが注意していることを確認しておきましょう。

われわれは、人間のタイプには関心はない。なぜなら、あらゆる人間は、固有のライフスタイルを持っているからである。一本の木にまったく同じ葉を二枚見つけることはできないように、まったく同じ人を二人見つけることはできない。自然は非常に豊かであり、刺激、本能、誤りの可能性は非常に数が多いので、二人の人がまったく同じということはありえない。それゆえ、われわれがタイプについて語るとすれば、個人の類似性について、よりよく理解するための知的な手段としてだけである。〔しかし〕タイプのような知的な分類を仮定して個人の固有性を研究すれば、よりよく判断できる。しかし、その際、いつも同じ分類を使ったりはしない。われわれは、固有の類似性を明らかにするのに、もっとも有用な分類を使う。タイプや分類を重視する人は、一度、人を〔タイプ別に〕一定の整理棚に置いてしまえば、次に別の分類にその人を入れようとしてもできない。〔『個人心理学講義』五七頁〕

次に見るきょうだい関係による分類は、他の切り口よりも納得しやすく有用なのですが、様々な要因が関係し、それに何よりも、何度も見てきたように、ライフスタイルは自分が選ぶものであることをきょうだい順位について見る時も忘れてはいけません。

同じ家族の子どもたちが同じ環境の中で育つと考えるのは、よくある間違いである。もちろん、同じ家庭のすべての人にとって共通するものはたくさんある。しかし、それぞれの子どもの精神的な状況は独自なものであり、他の子どもの状況とは違っている。きょうだい順位による違いがあるからである。

私は家族布置によって子どもを分類してきたが、このことは誤解されてきた。もちろん、子どもの性格に影響を与えるのは、きょうだい順位ではなく、子どもが生まれてくる状況なのである。第一子が精神発達遅滞であるか、あるいは、抑圧されていれば、第二子は第一子に似たライフスタイルを獲得するかもしれない。また、大家族で、子どもたちのうちの二人が他の子どもたちよりも遅く生まれ、年上のきょうだいから離れて育てば、二人のうちの年長のきょうだいは第一子のように成長するかもしれない。このことが双子の場合に起こることもある。〔『人はなぜ神経症になるのか』

一〇五頁）

多くの人が「なぜ同じ家族の子どもなのに、こんなに違うのか」とたずねる。ある科学者たちは、それを遺伝子が違うことの結果として説明することを試みてきた。しかし、われわれは、これが迷信にすぎないことを見てきた。子どもの成長を若い木の成長に比べてみよう。一群の木が一緒に育っていても、それの一つ一つは、実際には、非常に異なった状況の中にいる。もしも一つの木が、太陽と土により恵まれて早く育てば、その木の発達は、他のすべての木の成長に大きな影響をもたらす。それは、他の木に影を落とす。その根は伸びて、他の木の栄養を奪い取る。他の木は、成長を妨げられ大きくならない。同じことは、きょうだいの中の一人だけが優秀である家庭にも当てはまる。（『人生の意味の心理学（上）』一七四〜五頁）

きょうだいの中でも優秀な子どもがいる時は他のきょうだいは十分注目を得ることはできませんし、後に見るように、弟や妹が生まれると従前のような注目が得られなくなりますから、そのような事態にどう対処するかということが、性格形成の大きな影響因になるわけです。

第一子

第一子は、通常、大いに注目され甘やかされる。家族の中心にいることに慣れている。あまりにしばしば、まったく突然に準備もなしに、自分がいた地位から追い出されたことに気づく。他の子どもが生まれ、もはや一人ではないのである。今や親の注目をライバルと共有しなければならない。

このような変化は常に衝撃を与える。多くの問題行動のある子どもたち、神経症者、犯罪者、アルコール依存者、性倒錯者は、このような状況の中で困難を感じ始めたのである。（『人生の意味の心理学（上）』一七七頁）

第一子は、しばらくの間は、単独子と同じような印象を受け取る。〔しかし〕時期は異なっても、後には必ず王座から転落する。私が選んだこの比喩的な表現は、状況の交代を非常に正確に表現するので、後の研究者、例えばフロイトも、このようなケースを正しく評価する時に、この表現を放棄することはできない。王座転落までに経過する時間は、その印象と影響にとって重要である。二年、あるいは三年が経っていれば、王座転落の出来事は、既に確立されたライフスタイルの中で起こることであり、それに応じた仕方で反応することになる。一般に甘やかされた子どもは、母親の胸から離される時のように、この変化にうまく耐えることができない。しかし、私は一年の間隔さえ王座転落の跡を生涯にわたってはっきりとしたものにするのに十分である、と断言する。

その際、第一子にとって既に獲得された人生の空間と、第二子によってその空間が制限されることを考慮に入れなければならない。この状況をより仔細に知るためには、多くの要因を引き合いに出さなければならないことは明らかである。とりわけ、時間の感覚が長くなければ、出来事の全体は「言葉なしに」概念を交えずに行われるということも考えなければならない。そうなれば、後の体験によって矯正されることなく、ただ全体の連関についての個人心理学の知識によってしか矯正されないのである。

このような言葉のない印象は、子ども時代の初めに多くあるが、そのような経験にぶつかった時に、フロイトとユングは違った仕方で解釈しただろう。即ち、彼らはそれを体験ではなく、それぞれの解釈では、無意識の欲動、あるいは先祖返りの社会的無意識とその結果と見なしたのである。しかし、時折見られる憎しみの感情、あるいは死の欲求は、われわれにはよく知られている、共同体感覚の正しくない教育による人為的な産物であり、甘やかされた子どもにおいてだけ見られ、しばしば第二子に向けられる。第二子に、しばしばこれに似た感情と不機嫌が、後から生まれる子どもたちに、とりわけ彼〔女〕らが甘やかされた場合に見られる。しかし、第一子はより強く甘やかされれば、その特別の立場のゆえに他の子どもたちより有利であり、概して王座転落を強く感じる。しかし、後から生まれてくる子どもたちにも似たようなことが見られる。彼〔女〕らは劣等コンプレックスを持つようになるのである。このことは第一子の誕生の際の何か強いトラウマは作り事にすぎないということの十分な証拠であり、個人心理学の体験を知らない人が考える漠然とした仮定でしかない。(『生きる意味を求めて』一八七〜九頁)

第一子の次に生まれる弟や妹も、同じように、自分の地位を失うかもしれないが、おそらくは、第一子ほど強くは感じないだろう。彼〔女〕らは、既に、他の子どもと協力することを経験しており、一度も、自分だけが世話と注目の唯一の対象となったことはない。もちろん、彼〔女〕らが親に愛されていることを感じるようにさせていれば、もしも彼〔女〕らが自分の位置が確かなものであり、そして、とりわけ、もしも弟や妹の誕生に注意深く準備されており、弟、妹を世話すること

に協力する訓練がされていれば、危機は悪い影響なしに通り過ぎるだろう。（『人生の意味の心理学（上）』一七七頁）

このような第一子の中に、他の人を守り、援助したいと思うようになる人を見ることがある。そのような人は、父親か母親を模倣する訓練をする。しばしば、下のきょうだいに対して、父親か母親の役目を果たす。きょうだいの世話をしたり教えたり、きょうだいの幸福に責任を感じる。他の人を保護したいと努めることは、誇張されると、他のきょうだいを依存させ続けたり、支配したいという欲求になることもあるが、これらは望ましいケースである。（『人生の意味の心理学（上）』一八〇頁）

第一子が常に特有の有利な立場を持っていることは、歴史からも知られている。多くの国民と国民階層において、この有利な立場は伝統的に保持されている。この伝統が重要でないところでも、第一子には少なくとも力が強く賢いことが期待されるので、助力者や監督者にされる。このようにして、まわりの人の信頼のすべてを絶え間なく担うことが、子どもにとって何を意味するか想像することができる。（『人間知の心理学』一六五頁）

通常、第一子は弟や妹の誕生に準備されていない。新しく生まれた子どもは、たしかに、注目、愛情、感謝を第一子から奪い取る。そこで母親を自分に取り戻そうとし、注目を得る方法を考え始め、母親の愛を求めて闘う。このような闘いのすべてのケースにおいて、われわれは個々の状況を調べなければならない。もしも母親が闘い返せば、子どもは短気で手に負えなくなり、批判的で反抗的になるだろう。母親に反抗すると、父親が、しばしば自分の以前の有利な位置を更新する機会を提供する。子どもは、父親により関心を持ち、父親の注目を得ようとする。第一子はしばしば父親をより好む。

このような闘いは長く続き、時には生涯にわたって続く。（『人生の意味の心理学（上）』一七九頁）

ここでも、エディプス・コンプレックスは普遍的な事実ではないことがわかります。

第一子は、通常何らかの仕方で過去への関心を示す。過去を振り返り、過去について話すのが好きである。過去の崇拝者であり、未来について悲観的である。時には、自分の力、自分が支配する小さな王国を失った子どもは、他の人よりも力と権威の重要性を理解する。大きくなると、権力の行使に参加することが好きになり、支配と法律の重要性を誇張する。すべてのことは支配に従ってなされるべきであり、いかなる法も変えられるべきではない。力は常にそれを持つ資格があるものの手に保持されているべきである。われわれは、子どもの時代におけるこれらの影響が保守主義に向かう強い傾向をもたらすことを理解できる。（『人生の意味の心理学（上）』一七九〜八〇頁）

第二子

第二子は、まったく違う順位、他の子どもたちと比べることができない状況の中にいる。生まれた時から、第二子は、他の子どもと〔親の〕注目を共有する。それゆえ、第一子よりも協力に少し近いところにいる。まわりには人が多く、第一子が、第二子に対して闘い、押し戻しているのでなければ、非常にいい位置にいるのである。しかし、第二子のもっとも重要な事実は、子ども時代を通じて、ペースメーカーを持っているということである。いつも年齢と成長の点で、自分の前にいる子どもがいて、絶え間なく追いつくために努力するよう刺激されるのである。典型的な第二子は、すぐにわかる。競争しているかのように、誰かが一歩か二歩前にいて、追いつくためには急がなければならないかのようにふるまうのである。いつも全力を出す。絶え間なく兄に優り、征服しようと苦戦する。

聖書にはすばらしい心理学的な洞察が含まれている。典型的な第二子は、ヤコブの物語に美しく描かれている。ヤコブは一番になってエサウの地位を奪い、エサウを打ち負かし優りたかった。第二子は、後ろをのろのろ歩いているという感覚にいらだたされ、他の人に追いつこうと一生懸命になる。しばしば成功するのである。第二子は、しばしば、第一子よりも才能があり成功する。ここで、われわれは、遺伝がこのような成長に関係があることを示唆することはできない。もしも先をより速く行くとすれば、そうするよう一生懸命になったからである。大きくなって家庭から出ていっても、しばしば、ペースメーカーを利用する。第二子は、自分を自分よりも有利な位置にあって、自分をしのごうとしていると思う誰かと比べる。（『人生の意味の心理学（上）』一八一～二頁）

ヤコブとエサウは双子の兄弟です。ヤコブは父のイサクを騙し、エサウになりすまし、相続権を手に入れました（『創世記』）。

このような特性を見るのは目覚めている時だけではない。その特性は、パーソナリティのあらゆる表現にその印を残し、夢の中でも容易に見られる。第一子は、例えば、しばしば落ちる夢を見る。頂上にいるのだが、自分の優越性を保てるか確信できない。他方、第二子は、しばしば競争している夢を見る。汽車を追いかけたり、自転車競争をしている。時には、これらの忙しい、急いでいる夢は非常に特徴があるので、夢を見ている人が第二子であることを容易に想像できる。(『人生の意味の心理学(上)』一八二頁)

夢は現実のリハーサルである、とアドラーは考えています。覚醒時も睡眠時も人は同じ仕方で人生の課題を解決しようとしますから、夢によってライフスタイルを知ることが可能です。

ここでわれわれは絶え間ない闘いを見る。これは事実として力があることではなく、力があると見えることを目指しているが、目標を達成して前にいる第一子よりも優るか、あるいは、闘いに敗れて、しばしば神経症へと行き着く退却が始まるまでは抑えることはできない。第二子の気分は、無産階級の嫉妬、即ち、冷遇されているという圧倒的な気分に比べられる。第二子の目標は、非常に高く設定されるので、一生の間、そのことに苦しみ、人生の真の事実を理念や虚構や無価値な見せかけのために見失った結果として、内的な調和が失われる。(『人間知の心理学』一六六頁)

この状況は、四歳の男の子が泣きながらいった言葉によく表されている。「僕は、〈絶対〉お兄ちゃんになれ〈ない〉から不幸だ」(『人はなぜ神経症になるのか』一一三頁)

後の人生においては、第二子は他のきょうだいの厳格なリーダーシップに耐えたり、あるいは、「永遠の法」という考えを受け入れるということはめったにない。よきにつけあしきにつけ、打ち倒すことができない権力はないと信じる傾向がある。第二子の革命的な巧妙さに注意しなさい！　私は第二子が支配的な人や伝統を傷つけるために非常に奇妙な手段を用いたケースをたくさん知っている。すべての人が、もとよりこのような反抗者自身が、このような人の行動についての私の見解を容易に受け入れるわけではないだろう。中傷で支配権力を危うくすることは可能だが、もっと狡猾な方法がある。例えば、過度に賞賛することによってである。人や方法について、現実がそれに耐えることができないまでに理想化し賛美するのである。どちらの方法も『ジュリアス・シーザー』のマーク・アントニーの演説の中で使われている。私は他のところでフョードル・ドストエフスキーがおそらくは無意識に古いロシアの柱を傷つけるために後の方法を巧みに使ったことを示した。『カラマーゾフの兄弟』の中のゾシマ長老の描写を覚えている人は、彼が第二子であることを思い出せば、私の示唆に説得力があることがわかるだろう。

第二子のライフスタイルは、第一子のライフスタイルと同様、状況が似たパターンであれば、他の子どもにも現れるということはいうまでもないだろう。（『人はなぜ神経症になるのか』一一四〜五頁）

町の修道院のゾシマ長老には八歳年上の兄がいましたが、病気で早世しました。軍隊にいた時には決闘事件を起こしています。

以上の第二子の叙述について付け加えると、彼〔女〕らの下にきょうだいが誕生すれば、中間子ということになります。中間子は、第一子とは違って、生まれた時から兄や姉がいます。それでも生まれてしばらくは親の注目を得ることができますが、下にきょうだいが生まれるので、親の注目を得ることは難しく、上と下のきょうだいに挟まれている彼〔女〕らは、親の注目を得るために問題行動をするかもしれませんし、親のことはあきらめ、他のきょうだいよりも早く自立するかもしれません。

末子

末子を別として、すべての子どもには、後からやってくる子どもがいるので、王位から転落することがありうる。しかし、末子は、王座から転落することはできない。後からくるきょうだいがおらず、ペースメーカーがたくさんいるからである。末子は常に家族の赤ちゃんで、おそらくもっとも甘やかされる。甘やかされた子どもであれば誰もが持つ問題に直面するが、非常に刺激され、大いに競争するので、末子は、しばしば、並外れてよく、他の子どもたちよりも速く成長し、すべての子どもに優る。末子の位置は、人間の歴史を通して変わらない。われわれのもっとも古い伝説において、末子がいかに兄や姉よりも優っているかという話が見られる。(『人生の意味の心理学(上)』一八九頁)

末子は、上のきょうだいたちが「今日からあなたはお兄(姉)さんよ」といわれたことがありません。兄や姉の年になって、彼〔女〕らができたことができなくても、何もいわれません。末子を

「永遠の赤ちゃん」というニックネームで呼ぶことがあります。「いちばん小さいもの」と見なされ居心地の悪い思いをする末子がいる一方で、依存的に生きることを決心する末子もいます。

末子についてのわれわれの見解は、聖書だけではなく、おとぎ話の中にも見出すことができる。末子が他のきょうだいより優らないようなおとぎ話はない。ドイツ、ロシア、北欧、中国のおとぎ話では、末子は常に征服者である。聖書に、われわれの経験とまったく一致する、末子についてのすばらしい例を見つけることができる。例えば、ヨセフとダビデとサウルの物語である。ヨセフには年下の弟ベニヤミンがいたではないかという反論があるかもしれない。しかし、これに対しては、ベニヤミンが生まれたのはヨセフが十七歳の時だったということで反論できる。だから、ヨセフは、子ども時代は末子だったわけである。（『子どもの教育』一〇三頁）

他方、末子が一族の救世主になるということもあります。次に見るヨセフは「家族全体の柱」といわれます。

ヨセフは、末子として育てられた。ベニヤミンは十七年後に生まれたが、彼はヨセフの成長には何の役割も果たさなかった。ヨセフのライフスタイルは、典型的な末子のライフスタイルである。彼は夢の中においてさえ、いつも優越性を主張する。他の人は、彼の前に跪かなければならない。彼は他のすべての人を影の中に置く。きょうだいたちは、彼の夢を非常によく理解した。困難なことではなかった。というのも、ヨセフといたからであり、彼の態度は非常に明らかだったからである。彼〔女〕らも、ヨセフが自分自身の中で喚起した感情を経験した。ヨセフを怖れ、抹殺したいと思った。しかし、ヨセフは、最後であることによって一番になった。後に、ヨセフは、家族全体の柱と支えになった。(『人生の意味の心理学(上)』一八九頁)

末子のヨセフは、父であるイスラエル民族の祖、ヤコブに偏愛されました。そのため、兄たちの反感を買い、陰謀によって旅の商人に売り飛ばされ、他国へ連れ去られました。その後、ヨセフは、エジプトの高官になり、王の見た夢の謎を解き、大飢饉を予言し、総理大臣までになりました。この飢饉の歳、エジプトまでヨセフのもとに食料の陳情にやってきた人の中に、かつてヨセフを売り飛ばした兄たちがいましたが、弟であることに気づきませんでした。ヨセフは兄たちを許し、父とともに引き取りました。

ここで言及されるヨセフの夢は次のようなものです。ヨセフは、畑の中で束を結わえていると、自分の束が起きて突っ立ち、兄たちの束がまわりによっておじぎをしたという夢、また、太陽と月と十一の星が、自分におじぎをするという夢を見たのです(『創世記』)。この夢の話をすると、兄たちは激怒し、ヨセフの長袖のきれいな上着を剥ぎ取り、彼を捕らえて穴の中に放り込みました。しかし、先に見たように、その時、通りかかった隊商を見て、殺すことを断念し、ヨセフを売り渡しました。父のヤコブは、山羊の血を浸したヨセフの上着を見せられると、野獣の餌食になったと思って、悲嘆に暮れました。

しかし、既に見たように、末子は、問題行動のある子どもの二番目に大きなグループを形成する。

このことの理由は、末子が家族全体に甘やかされる仕方にある。甘やかされた子どもは、決して自立できない。末子は、いつも野心があるが、すべての子どもたちの中で、もっとも野心のある子どもは、怠惰な子どもである。怠惰は、勇気くじきと結びついた野心の印である。この野心は非常に強いので、人はそれを実現する見込みはほとんどない。末子は、時には、何一つ野心があるとは認めないが、これはあらゆることにおいて優れていたいからである。末子がどれほど劣等コンプレックスを持つかということも明らかである。末子のまわりの人は皆、年上で、力があり、経験もあるからである。（『人生の意味の心理学（上）』一八五頁）

単独子

単独子は、独得の問題を持っている。ライバルはいるが、きょうだいではない。競争しているという感覚は、父親に向けられる。単独子は、母親に甘やかされる。母親は、子どもを失うことを怖れ、自分の傘下に置きたいと思う。単独子は、いわゆる「マザーコンプレックス」を発達させる。母親のエプロンの紐にしがみつき、父親を家族の全体像から排除したいと思う。このことも、もしも父親と母親が協働し、子どもに父親と母親の両方に関心を持たせれば、防ぐことができる。しかし、大抵のケースでは、父親は母親よりも子どもに関わることが少ない。第一子が、時には、非常に単独子に似ることがある。第一子は父親よりも優れたいと思い、自分よりも年上の人と一緒にいることを楽しむ。

単独子はしばしば後から弟や妹が生まれることを死ぬほど怖れる。家族の友人は「弟や妹を持つべきだ」という。単独子はこんなふうになるかもしれないことを非常に嫌う。いつも注目の中心にいたいのである。これこそが自分の権利である、と実際に感じており、もしもこの立場が挑戦されたらひどい目にあった、と感じる。（『人生の意味の心理学（上）』一八五〜六頁）

単独子の成長を危うくする別の状況は、臆病な環境に生まれてきた場合である。もしも親が医学的な理由でこれ以上子どもを持てないという場合、単独子の問題を解決できるためにできることはない。しかし、このような単独子が、それ以上子どもを持てなかったであろう家族の中にしばしば見られる。親は臆病で悲観的である。経済的に一人の子ども以上を扶養できないだろう、と感じている。全体の雰囲気は、不安に満ちており、子どもはひどく苦しむ。（『人生の意味の心理学（上）』一八六頁）

もしも家族の中で子どもたちの間隔が長ければ、それぞれの子どもたちが単独子の特徴のいくつかを持つことになるだろう。（『人生の意味の心理学（上）』一八六頁）

以上のきょうだい順位についてアドラーがいっていることはあくまでも「傾向」でしかないことに注意する必要があります。きょうだいが何人いるか、性別の分布がどうかというきょうだいの配置などが違うと、同じ第一子でも違ってきます。たとえ、同じ家族布置に育っても、同じようになるわけではありません。きょうだい順位をどう意味づけるかにすべてはかかっているからです。

引用・参考文献

アドラー、アルフレッド『生きる意味を求めて』岸見一郎訳、アルテ、二〇〇八年
アドラー、アルフレッド『教育困難な子どもたち』岸見一郎訳、アルテ、二〇〇八年
アドラー、アルフレッド『人間知の心理学』岸見一郎、アルテ、二〇〇八年
アドラー、アルフレッド『性格の心理学』岸見一郎訳、アルテ、二〇〇九年
アドラー、アルフレッド『人生の意味の心理学（上）』岸見一郎訳、アルテ、二〇一〇年
アドラー、アルフレッド『人生の意味の心理学（下）』岸見一郎訳、アルテ、二〇一〇年
アドラー、アルフレッド『個人心理学講義　生きることの科学』岸見一郎訳、アルテ、二〇一二年
アドラー、アルフレッド『子どもの教育』岸見一郎訳、アルテ、二〇一三年
アドラー、アルフレッド『人はなぜ神経症になるのか』岸見一郎訳、アルテ、二〇一四年
アラン『幸福論』串田孫一・中村雄一郎訳、白水社、二〇〇九年
池澤夏樹『イラクの小さな橋を渡って』光文社、二〇〇三年
伊坂幸太郎『ＰＫ』講談社、二〇一二年

イソップ『イソップ寓話集』中務哲郎訳、岩波書店、一九九九年
内村鑑三『後世への最大遺物・デンマルク国の話』岩波書店、一九七六年
加藤周一『小さい花』かもがわ出版、二〇〇三年
岸見一郎『アドラー心理学入門　よりよい人間関係のために』KKベストセラーズ、一九九九年
岸見一郎『不幸の心理　幸福の哲学　人はなぜ苦悩するのか』唯学書房、二〇〇三年
岸見一郎『アドラーを読む　共同体感覚の諸相』アルテ、二〇〇六年
岸見一郎『アドラーに学ぶ　生きる勇気とは何か』アルテ、二〇〇八年
岸見一郎『アドラー　人生を生き抜く心理学』NHK出版、二〇一〇年
岸見一郎『アドラー心理学　シンプルな幸福論』KKベストセラーズ、二〇一〇年
岸見一郎『アドラーに学ぶII　愛と結婚の諸相』岸見一郎、アルテ、二〇一二年
岸見一郎『よく生きるということ　「死」から「生」を考える』二〇一二年、唯学書房
ギトン、ジャン『私の哲学的遺言』二川佳巳訳、新評論、一九九九年
高木仁三郎『宮沢賢治をめぐる冒険　水や光や風のエコロジー』七つ森書館、二〇一一年
高橋哲哉『反・哲学入門』白澤社、二〇〇四年
太宰治『二十世紀旗手』新潮社、二〇〇三年
田辺聖子『花衣ぬぐやまつわる……わが愛しの杉田久女』集英社、一九九〇年
ドストエフスキー『未成年』工藤精一郎訳、新潮社、一九九六年
パブロフ、フランク、ギャロ、ヴィンセント『茶色の朝』藤本一勇訳、大月書店、二〇〇三年

林京子『祭りの場・ギヤマン・ビードロ』講談社、一九八八年
夢枕獏『神々の山嶺』集英社、二〇〇〇年
Adler, Alfred. *The Individual Psychology of Alfred Adler: Systematic Presentation in Selections from his Writings*, Ansbacher, Heinz L. and Ansbacher, Rowena R. eds., Basic Books, 1956.
Adler, Alfred. *Adler Speaks: The Lectures of Alfred Adler*, Stone, Mark and Drescher, Karen eds., iUniverse, Inc., 2004.
Bottome, Phillis. *Alfred Adler: A Portrait from Life*, Vanguard, 1957.
Burnet, J（rec.）. *Platonis Opera*, 5 vols., Oxford University Press, 1899-1906.
Manaster, Guy et al. eds., *Alfred Adler: As We Remember Him*, North American Society of Adlerian Psychology, 1977.
Ross, W.D.（rec.）. *Aristotels' Metaphysics*, Oxford University Press, 1948.
Sicher, Lydia, *The Collected Works of Lydia Sicher: Adlerian Perspective*, Adele Davidson ed., QED Press, 1991.

◆著者

アルフレッド・アドラー（Alfred Adler）

1870年—1937年。オーストリアの精神科医。1902年からフロイトのウィーン精神分析協会の中核的メンバーとして活躍したが、1911年に学説上の対立から脱退した。フロイトと訣別後、自らの理論を個人心理学（Individualpsychologie, individual psychology）と呼び、全体論、目的論などを特色とする独自の理論を構築した。ナチズムの台頭に伴い、活動の拠点をアメリカに移し、精力的な講演、執筆活動を行ったが、講演旅行の途次、アバディーンで客死した。

◆訳者

岸見　一郎（きしみ　いちろう）

1956年、京都生まれ。京都大学大学院文学研究科博士課程満期退学。現在、明治東洋医学院専門学校教員養成科、鍼灸学科、柔整学科（臨床心理学、教育心理学）、京都聖カタリナ高校看護専攻科（心理学）非常勤講師。日本アドラー心理学会認定カウンセラー、日本アドラー心理学会顧問。著書に『アドラーを読む』『アドラーに学ぶ』（ともにアルテ）、訳書にアルフレッド・アドラーの『個人心理学講義』『生きる意味を求めて』『人生の意味の心理学（上）（下）』『人間知の心理学』『性格の心理学』『人はなぜ神経症になるのか』（以上アルテ）などがある。
https://www.facebook.com/ichiro.kishimi/　e-mail:ichiro.kishimi@mac.com

性格はいかに選択されるのか ——アドラー・アンソロジー

2013年4月25日　第1刷発行
2016年9月15日　第3刷発行

著　者　アルフレッド・アドラー
訳　者　岸見　一郎
発行者　市村　敏明
発　行　株式会社　アルテ
〒170-0013　東京都豊島区東池袋2-62-8
BIGオフィスプラザ池袋11F
TEL.03(6868)6812　FAX.03(6730)1379
http://www.arte-pub.com
発　売　株式会社　星雲社
〒112-0005　東京都文京区水道1-3-30
TEL.03(3868)3275　FAX.03(3868)6588
装　丁　Malpu Design（清水良洋＋宮崎萌美）
印刷製本　シナノ書籍印刷株式会社

ISBN978-4-434-17879-5 C0011 Printed in Japan